强国钢铁书系

◎大国钢铁 70 年丛书

砥砺奋进

——新中国钢铁工业回顾与展望

DILI FENJIN——XINZHONGGUO GANGTIE GONGYE HUIGU YU ZHANWANG

中国钢铁工业协会 编

北 京
冶 金 工 业 出 版 社
2020

内 容 提 要

“大国钢铁70年丛书”共分3册。本书为“大国钢铁70年丛书”之二，集合了我国钢铁行业的老领导、老专家、企业家等群体具有代表性的观点，总结回顾了中国钢铁工业70年取得的成就、经验、教训，展望了中国钢铁工业未来的发展道路。

图书在版编目(CIP)数据

砥砺奋进：新中国钢铁工业回顾与展望/中国钢铁工业协会编.—北京：冶金工业出版社，2020.6
(大国钢铁70年丛书)
ISBN 978-7-5024-8492-7

Ⅰ.①砥… Ⅱ.①中… Ⅲ.①钢铁工业—工业发展—研究—中国 Ⅳ.①F426.31

中国版本图书馆CIP数据核字(2020)第099528号

出 版 人 陈玉千
地　　址 北京市东城区嵩祝院北巷39号 邮编 100009 电话 (010)64027926
网　　址 www.cnmip.com.cn 电子信箱 yjcbs@cnmip.com.cn
责任编辑 姜晓辉 美术编辑 吕欣童 版式设计 孙跃红 禹 蕊
责任校对 李 娜 责任印制 李玉山
ISBN 978-7-5024-8492-7
冶金工业出版社出版发行；各地新华书店经销；三河市双峰印刷装订有限公司印刷
2020年6月第1版，2020年6月第1次印刷
169mm×239mm；13印张；200千字；191页
79.00元

冶金工业出版社 投稿电话 (010)64027932 投稿信箱 tougao@cnmip.com.cn
冶金工业出版社营销中心 电话 (010)64044283 传真 (010)64027893
冶金工业出版社天猫旗舰店 yjgycbs.tmall.com
(本书如有印装质量问题，本社营销中心负责退换)

“大国钢铁70年丛书”
编　委　会

序　言

70年艰苦奋斗，70年奋楫争先，70年砥砺辉煌。中华人民共和国成立以来的70年，是中国钢铁工业改变落后面貌、跻身世界钢铁技术装备先进水平、不断创造伟大成就的70年，是中国钢铁工业不断满足国民经济建设需求、支撑我国快速成为世界第二大经济体、不断做出伟大贡献的70年。

70年来，中国钢铁工业在党的领导下筚路蓝缕，砥砺前行，实现了从小到大、从弱到强的完美蜕变，走出了一条独具特色的大国钢铁崛起之路，日益走向了世界钢铁舞台的中央。70年来，中国钢铁工业不断解放思想，改革探索，突破桎梏，走上中国特色社会主义市场经济的康庄大道，创造了举世瞩目的成就，为共和国大厦挺起了钢铁脊梁。70年来，中国钢铁工业谱写了一首波澜壮阔、激越高昂的奋斗壮歌，见证着国与钢的灿烂辉煌，展现了钢铁人薪火相传的报国情怀和对钢铁强国的不懈追求。

数字是最有说服力的。1949年，中国钢产量只有15.8万吨；1996年突破1亿吨，仅用47年就成为全球第一产钢大国，创造了世界钢铁发展史上的奇迹；2019年达到9.96亿吨，占世界钢产量的半壁江山，连续24年稳居全球钢铁生产和消费第一位，彻底结束了中国钢铁供不应求的历史。70年来，中国钢铁工业奠定了中华民族强国富民的钢铁基础，完成了中国人民在从站起来到富起来的进程中钢铁人的伟大历史使命，如今正在为全面建成小康社会、实现中华民族伟大复兴贡献新的力量。

“大国钢铁70年丛书”是行业庆祝新中国成立70周年宣传的成果

为庆祝新中国成立70周年，中国钢铁工业协会确立了“新时代、新钢铁、新征程”的行业庆祝宣传主题，举办了一系列庆祝宣传活动。“大国钢铁70年丛书”便是这次庆祝宣传活动的成果。

历史是最好的教科书。70年来，中国钢铁工业有太多的光荣历史值得回忆，有太多的伟大成就值得自豪，有太多的宝贵经验值得总结，有太多的钢铁精神值得传承，有太多的历史瞬间值得铭记……回望新中国钢铁工业70年不平凡的历程，我们能得到许多宝贵的历史经验和未来启示，引导我们开启更为光辉的历程、创造更为伟大的成就。

2019年9月7日，中国钢铁工业协会主办并由中国冶金报社承办了钢铁行业庆祝中华人民共和国成立70周年座谈会。钢铁行业大咖欢聚一堂，深刻总结中国钢铁工业70年来所取得的历史成就，尤其是党的十八大以来，在“创新、协调、绿色、开放、共享”的新发展理念指导下所取得的新成绩、实现的新发展。回首过去，展望未来，大家纷纷表示，要以习近平新时代中国特色社会主义思想为指导，展望和绘制未来高质量发展的宏图，继续为中华民族的伟大复兴贡献钢铁人的力量。

2019年，中国冶金报社在中国钢铁工业协会的指导下，贯彻落实中宣部的要求，加强策划创新，强化媒体融合，以“壮丽70年　奋斗新时代”为主题，推出了一系列异彩纷呈、图文并茂的专栏预热性报道和两大特刊专题报道（《新时代　新钢铁　新征程——钢铁行业庆祝新中国成立70周年座谈会特刊》、“十一”《礼赞特刊》），多角度、多侧面、立体式展现了70年来，尤其是党的十八大以来钢铁工业波澜壮阔的发展历程和伟大成就。

可以说，我们钢铁行业在这次庆祝新中国成立70周年的宣传报道中打了一个漂亮仗，对于总结行业历史成就、树立钢铁正面形象、启迪新时代高质量发展起到很好的作用。现在，我们将这次宣传报道的部分重要内容汇集成册，出版“大国钢铁 70 年丛书”以飨读者。

同时，改革开放作为关键一招，在新中国发展史上具有划时代意义。我们也将《中国冶金报》庆祝改革开放 40 周年的部分报道收录到“大国钢铁 70 年丛书”的“关键一招”部分，从而大大丰富了“大国钢铁 70 年丛书”的内容。

总体看，书中既有钢铁行业老领导、老专家、中国钢铁工业协会和企业领导的亲身体验和对未来发展的真知灼见，又有上下游行业协会表达的与钢铁携手奋进的美好愿景；既有展现钢铁行业庆祝新中国成立 70 周年座谈会盛况的图片集锦，又有像“70 年钢铁画卷”等大量的历史珍贵影像，还有像“钢铁第一”“70 年 70 瞬间”等大量的历史文字资料。可以说，这本书既对引领新时代钢铁行业高质量发展具有较强的指导意义，又有较高的史料价值。

“大国钢铁 70 年丛书”是强化新时期钢铁行业宣传工作体系建设的成果

为打造国内有威信、国际有影响的协会，中国钢铁工业协会 2019 年拟成立两个专业委员会，其中之一就是“中国钢铁工业协会宣传交流工作委员会”，旨在进一步强化新时期钢铁行业宣传工作体系建设，以满足钢铁行业日益增长的正面宣传需要。中国钢铁工业协会高度重视钢铁行业宣传工作，努力发挥好中国冶金报社和冶金工业出版社等行业媒体平台作用，宣传好党和国家方针政策，关注行业及企业热点、重点、难点问题。钢铁行业宣传工作方针可以概括为以下 8 个方面：贯彻执行中央战略部署，落实上级宣传部门工作指令，加强全行业宣传体系建设，组织和动员行业宣传力量，调动业内外各类宣传资源，维护和提升钢铁业的社会形象，正面引导公众认知，增强对公共政策制定的影响力。

创刊于1956年的《中国冶金报》是一张很有历史积淀的报纸，不论是作为原冶金工业部的机关报还是市场经济下的行业商报，《中国冶金报》都是党在钢铁行业的重要舆论阵地，也是中国钢铁工业发展历史的忠诚记录者。特别是党的十八大以来，中国冶金报社在中国钢铁工业协会的领导下，一方面持续深化改革，推进媒体融合发展，努力提高新闻舆论的传播力、引导力、影响力、公信力；一方面更加自觉地承担起新闻工作者的职责使命，坚持正确舆论导向，为营造钢铁行业健康发展的舆论环境做出了很大贡献。进入新时代，《中国冶金报》及旗下多媒体平台，既是主流媒体传播矩阵的重要组成部分，是做好意识形态领域工作的重要平台，是服务党和国家工作大局的重要力量，也是钢铁行业宣传工作体系的主要阵地，我们一定要将之利用好，支持他们在加强行业宣传中发挥作用、快速反应。中国钢铁工业协会代管单位有报纸、杂志，有网站，有出版社，在行业宣传中要发挥书、报、刊、网联动反应的作用，组合起来力量会更大。这次中国冶金报社和冶金工业出版社发挥各自优势联合出版的“大国钢铁70年丛书”，便是中国钢铁工业协会推动新时期钢铁行业宣传工作体系建设的成果。

2019年6月以来，中国钢铁工业协会开展了“不忘初心、牢记使命”主题教育，取得了很大的成效。我们都知道，中国共产党的初心和使命就是为中国人民谋幸福、为中华民族谋复兴。中国钢铁工业协会的初心和使命也很清晰，就是“致力于中国钢铁行业的健康发展和持续繁荣，为行业内钢铁企业的经营和发展创造良好条件”。加强钢铁行业舆论宣传工作，为钢铁业的健康发展和长期繁荣营造良好的舆论环境，是其中非常重要的一环。我们要把这次主题教育取得的成效汇聚成推动行业高质量发展的强大动力，大力弘扬钢铁精神，讲好钢铁故事，再创钢铁辉煌，为全面建成小康社会、实现中华民族伟大复兴贡献新的力量。

伟大事业，总是在不断奋进中腾飞；伟大征程，总是在不懈奋斗中接续。70 年来，我们所取得的辉煌成就，不是天上掉下来的，而是一代代钢铁人不断探索奋斗出来的。新时代，新钢铁，新辉煌。展望未来，初心如磐，使命催征。迈入壮阔的新时代，中国钢铁工业仍将滚石上山、爬坡过坎。我们要紧密团结在以习近平同志为核心的党中央周围，坚持新发展理念，以满足人民对美好生活的向往为己任，瞄准发展的短板持续发力，以钢铁般的意志接力奋斗、高歌前行，在实现“两个一百年”奋斗目标、实现中华民族伟大复兴的中国梦的征程上，再创属于中国钢铁工业的新辉煌！

中国钢铁工业协会党委书记

2020 年 6 月

目 录

强国之路

关键一招

强国之路

QIANGGUO ZHILU

特 稿

大国崛起　钢铁辉煌

中国钢铁工业协会

1949 年 10 月 1 日，毛泽东主席在天安门城楼庄严宣布中华人民共和国成立，中国钢铁工业从此揭开了新的篇章，创造了举世瞩目的伟大成就，为共和国大厦挺起了坚强的钢铁脊梁！

新中国钢铁工业发展史，是一部宏伟的大国钢铁创业史，记述了中国钢铁由小到大、由弱到强、日益走向世界舞台中央的嬗变。1949 年，我国钢产量只有 15.8 万吨，不足当时美国半天的钢产量；2018 年钢产量达到 9.28 亿吨，占据了世界的半壁江山，有力地支撑了国民经济腾飞和国防现代化建设，为中国成长为世界第二大经济体立下了汗马功劳。如今，中国钢铁技术、装备、管理实现整体输出，行业国际组织掌门人开始有了中国人的身影，中国钢铁国际交流日益频繁，国际合作日益深化，国际地位不断提高。

新中国钢铁工业发展史，是一部不停探索、不断突破的大国钢铁奋进史。回首钢铁工业 70 年发展轨迹，中国钢铁人创造出许多改革和管理创新典型经验。“鞍钢宪法”得到了毛主席的高度评价；首钢承包制、武钢走质量效益型道路、“邯钢经验”、鞍钢“高起点、少投入、快产出、高效益”的老企业技术改造、宝钢现代化企业管理等一批闻名全国的先进经验，连缀成中国改革开放史册中光华璀璨的一页页。特别是党的十八大以来，钢铁工业积极推动供给侧结构性改革，化解过剩产能取得突破性进展……体制机制改革、国企改革、三项制度改革、现代企业制度改革，企业管理的不断创新，进一步激发了钢铁企业的活力。

新中国钢铁工业发展史，是一部学习、赶超、引领国际先进技术的大国钢铁创新史。新中国成立后的前 30 年，我国钢铁工业依靠自力更生，艰苦创业，初步建立起较为完整的钢铁工业体系。改革开放以来，通过引进、消化、吸收、集成创新和自主创新，装备、技术水平跻身世界先进行列，自主设计和建设的鞍钢鲅鱼圈、首钢京唐、宝钢湛江、山钢日照、柳钢防城港等钢铁基地也已在大海之滨拔地而起，标志着我国钢铁工业自主设计、制造、工程建设和掌握运用新技术的能力达到了一个新高度。善于学习的中国钢铁工业，必将厚积薄发，以自己的源头技术创新，引领世界钢铁工业的未来可持续发展。

新中国钢铁工业发展史，是一部艰苦创业、发奋图强的大国钢铁励志史。从“老英雄”“高炉卫士”孟泰、“走在时间前面的人”王崇伦，到“工人阶级主人翁”李双良、“中国知识分子的光辉典范”曾乐，到国企改革“邯钢经验”的创造者、改革开放40周年先锋人物刘汉章，到全国道德模范、“当代雷锋”鞍钢郭明义，再到“时代楷模”李超，“一带一路”杰出代表、“时代楷模”河钢塞钢管理团队，一代又一代钢铁劳模，薪火相传，生生不息，用伟大的劳模精神引领百万钢铁大军，铸就我国钢铁工业的辉煌。

70年峥嵘岁月，70年砥砺奋进，70年铸就辉煌。“神舟”飞船巡游太空，奥运场馆惊艳世界，歼20战机翱翔蓝天，港珠澳大桥连通三地，国产航母海试即将入列……每一项重点工程、每一个“大国重器”无一不在诠释着钢铁的作用和贡献，无一不在述说着钢铁人的奉献和荣光。

一、我国钢铁工业发展的主要历程

（一）社会主义计划经济时期（1949~1978年），是我国钢铁工业发展的开创、奠基时期

这是一个开创拓荒的时代，也是一个为新中国奠定“钢铁之基”的时代。从1949年到1978年的近30年，我国一直把发展钢铁工业作为实现工业化的中心环节，基本建成了从地质勘察、设计、科研、教育、施工到钢铁生产的门类比较齐全，以大型企业为骨干、大中小相结合，具有3500万吨钢生产能力的新中国钢铁工业体系，为改革开放后我国钢铁工业的快速发展壮大奠定了基础。

这一时期，我国钢铁行业经历了3次建设高潮：

1953年到1956年，也就是第一个五年计划时期，钢铁行业掀起了第一次大规模投资建设高潮。在苏联156个援建项目中，虽然钢铁项目只占8个，包括新建武钢、包钢、北满钢厂、吉林铁合金厂、吉林炭素厂、热河钒钛厂（现为河钢承钢）及改扩建鞍钢和本钢等，但是，投资额占到援助总额的近一半，投资额最大的是鞍钢的改扩建。

在1956年4月25日毛泽东主席发表《论十大关系》之后，冶金工业部于1957年8月根据中央精神提出了钢铁工业建设“三大五中十八小”的战略部署，由此掀起了新中国前30年的第二次大规模建设高潮，初步构建了我国基本完整的钢铁工业布局。

从1964年开始，钢铁行业开展了以西南攀钢、西北酒钢为主的“大三线”建设和为中西部地区军工配套的“小三线”建设，迎来了新中国前30年的第三次大规模建设高潮。

这一时期，尽管钢铁工业经历了“大跃进”全民大炼钢铁、“文革”等曲折经历，但钢铁人积极排除各种干扰，坚韧前行。1972年8月，我国在外汇十分短缺的情况下，投资38.9亿元引进当时国际先进的1700毫米连轧机，拉开了中国钢铁工业走向现代化的序幕。

（二）社会主义市场经济的建立发展时期（1979~2012年），是我国钢铁工业的快速发展期

这是一个改革开放、眼界大开的时代，也是奋力追赶、快速发展的时代。1978年12月18~22日，党的十一届三中全会召开，改革开放的号角自此吹响。钢铁工业在党的领导下，开始挣脱计划经济体制的桎梏，迈开了建立社会主义市场经济体制、赶超世界一流水平的步伐。

1. 从计划经济向市场经济过渡阶段（1979~1992年）

1978~1992年的14年中，钢铁行业从国外引进了700多项先进技术，利用外资60多亿美元，新建了宝钢、天津大无缝两座现代化大钢厂，并对老钢厂实施了一系列重点改造，使中国钢铁工业缩小了与世界先进水平的差距。1992年与1978年相比，钢产量增加了1.55倍，国内市场占有率提高了16.9

个百分点，平炉钢比下降了10.8个百分点，连铸比提高到了30%，吨钢综合能耗下降到1.57吨标准煤（降低了62.3%）。

这一阶段是由高度集中统一的计划经济体制向初步建立社会主义市场经济体制过渡的时期。改革主要体现在扩大钢铁企业经营自主权，实行放权让利，逐步推行承包经营责任制和价格双轨制的两项制度改革等方面。其中，最有名的是首钢承包制，极大地调动了企业和职工发展生产的积极性；进行了“三项试点”，即组建企业集团试点、股份制试点、现代企业制度试点；实施了“四大开放”政策，即充分利用国内外两种资源、两种资金、两种技术、两个市场。这些改革，大大增强了企业活力。

2. 建立社会主义市场经济体制阶段（1993~2001年）

1992年初，邓小平同志发表了著名的“南巡讲话”。当年10月党的十四大召开，明确提出“我国经济体制改革的目标是建立社会主义市场经济体制”。从此，我国改革开放从初期有计划的商品经济向建立和完善社会主义市场经济体制转变。

这一阶段，国家基本取消了钢铁产品的指令性计划，终结了钢材价格“双轨制”，实现了真正意义上的“利改税”；探索股份制改造、深化现代企业制度改革取得了重要进展。截至2001年初，已有27家钢铁企业先后在国内外上市。

这一阶段，钢铁工业的行业管理体制改革也稳步推进。1998年，冶金工业部被撤销，国家冶金工业局成立；1999年初成立的中国钢铁工业协会作为钢铁行业的自律性中介组织，在2001年2月国家冶金工业局被撤销后，开始在企业和政府之间发挥桥梁和纽带作用。这样，钢铁工业的行业管理逐步由冶金工业部直接管理、国家冶金工业局间接管理转变为在国家宏观调控下，以市场为导向的行业协会自我、自律管理。

这一阶段，钢铁工业利用大量的国外技术装备和资金对落后的工艺装备进行改造，装备技术得到飞速发展。到2001年，我国全部淘汰了落后的平炉炼钢工艺，连铸比达到88.2%，赶上了当时世界钢铁工业平均水平；吨钢综合能耗降低到876千克标准煤，比1992年降低了44.2%，大大缩小了中国钢铁工业与国际先进水平的差距。

3. 完善社会主义市场经济阶段（2002~2012年）

2001年12月11日，中国正式成为世贸组织成员。2002年11月党的十六大召开，提出了建成完善的社会主义市场经济体制的目标。我国的改革开放从建立社会主义市场经济阶段进入到全面完善社会主义市场经济阶段。

以2005年《钢铁产业发展政策》正式出台为标志，政府开始运用法律、法规和产业政策等符合市场经济规则的手段维护钢铁产业发展秩序。这一阶段，国有钢企建立健全了国有资产管理体制，逐步实施了企业负责人经营业绩考核制、国有资产保值增值责任制等制度，股东会、董事会、监事会和经理层协调运转、自我约束的现代企业管理制度基本形成。民营钢铁企业迅速崛起，涌现出了沙钢、中天钢铁、建龙、德龙、青山控股、津西、敬业等一批民营钢企巨头，到2012年钢产量占全行业的比例已超过50%。

这一阶段，钢铁行业进一步扩大对外开放，积极融入世界市场。2002年，中国钢铁行业取得加入世贸组织后的首起钢铁保障措施案的胜利。2006年，我国成为钢材净出口国，结束了100多年来中国靠净进口钢材和钢坯发展经济的历史。

这一阶段，在经济快速增长的带动下，钢铁工业又进入新一轮高速增长期，钢铁产量几乎以每年5000万吨的速度递增，彻底结束了中国钢铁材料供给不足的历史。到2012年，我国钢产量达到7.24亿吨，基本满足了国内对各类钢材品种的需求。

（三）中国特色社会主义市场经济的深化期，是我国钢铁工业持续推进供给侧结构性改革、加快转型升级、高质量发展时期（2013年至今）

党的十八大以来，我国改革开放进入全面深化时期。为适应经济发展新常态，以习近平同志为核心的党中央果断做出了供给侧结构性改革的决策，明确了“去产能、去库存、去杠杆、降成本、补短板”五项任务，把去钢铁、煤炭产能列为五大任务之首，从而让钢铁行业脱离了大面积亏损的泥沼，加速向高质量发展道路迈进。

1. 以化解过剩产能为突破口，推进供给侧结构性改革

随着经济发展进入新常态，过去长期粗放式发展导致的钢铁产能严重过剩的问题日益突出，2015 年全行业出现亏损，一些企业陷入困境。2015 年 12 月召开的中央经济工作会议提出推进供给侧结构性改革，明确了“去产能、去库存、去杠杆、降成本、补短板”五项任务。国务院于 2016 年 2 月 1 日印发了《国务院关于钢铁行业化解过剩产能实现脱困发展的意见》（国发厅〔2016〕6 号），明确提出，在近年来淘汰落后产能的基础上，从 2016 年开始，用 5 年时间再压减钢铁产能 1 亿~1.5 亿吨。

国务院为此于 2016 年 3 月 25 日建立了以国家发展改革委、工信部牵头的部际联席会议制度，国务院各部门先后出台了奖补资金、财税等 8 个配套性政策文件。2017 年 1 月 10 日，在中钢协召开的 2017 年理事（扩大）会议上，国家发展改革委、工信部宣布，2017 年 6 月 30 日前“地条钢”必须彻底出清，打击“地条钢”行动全面启动。

在国家政策的引导下，钢铁行业以壮士断腕的精神大力化解过剩产能。到 2018 年底，我国钢铁行业提前两年完成了压减钢铁过剩产能 1.5 亿吨的上限目标任务，清除了 1.4 亿吨“地条钢”产能，产能严重过剩矛盾有效缓解，产能利用率基本恢复到合理区间，钢铁行业公平的市场竞争环境初步形成，优质产能得到发挥，企业效益明显好转。2018 年，钢协统计的会员钢铁企业实现利润 2862.72 亿元，比 2017 年增长 41.12%，销售利润率达到 6.92%。

在化解钢铁过剩产能的同时，去杠杆工作也在同步进行。2015 年钢铁行业资产负债率达到 71.04%，远高于工业行业平均水平；经过 2016~2018 年 3 年不断深化供给侧结构性改革，钢铁行业资产负债率得到明显改善。2018 年，中钢协统计的会员钢铁企业资产负债率为 65.02%，比 2017 年同期下降 2.63 个百分点。

2. 绿色发展硕果累累，超低排放改造正在大力推进

党的十八大以来，在习近平生态文明思想的指导下，中国钢铁工业把环境保护放到优先发展的突出位置，持续加大投入，节能环保成绩有目共睹，涌现出一批花园式钢厂、绿色钢厂，为打赢蓝天、碧水、净土三大保卫战做

出了重要贡献。2017 年 7 月以来，工信部先后公布了四批绿色工厂，首钢京唐、唐山德龙等 59 家钢企被先后确定为绿色工厂。

这一时期，钢铁行业环保工作已经从单纯的污染治理，转变为以全过程节能环保技术集成优化和资源能源高效利用为前提的清洁生产、绿色制造。例如，河钢“城市中水替代地表水、深井水作为钢铁生产唯一水源”项目获得世界钢铁工业可持续发展卓越奖；中国宝武“LCA（生命周期评价）优秀案例”获世界钢协生命周期评价领导力奖；首钢正气候发展项目被正式纳入 C40 正气候项目发展计划，成为中国第 1 个、全球第 19 个正气候项目。

随着生态环境部等 5 部委发布《关于推进实施钢铁行业超低排放的意见》，中国钢铁行业开启了超低排放绿色革命，一大批钢企正积极推进实施超低排放改造。目前，首钢、太钢、安钢、宝钢股份、河钢唐钢、河钢邯钢、河钢石钢、德龙钢铁、中天钢铁等一批钢企克服重重困难，大力推进超低排放改造并率先取得突破，为打赢蓝天保卫战、打造全球最大的钢铁清洁生产体系树立了信心。

3. 大力深化改革，现代企业制度得到进一步完善

党的十八大以来，钢铁企业着眼于完善现代企业制度，着眼于企业发展的动力变革、质量变革、效率变革，开启了新一轮深化改革、管理创新。例如，作为首批国有资本投资公司试点企业，中国宝武积极探索投资公司“以管理资本为主”的运作模式；鞍钢以 2012 年 12 月 28 日启动规范建立董事会工作为标志，推动各级董事会建设，构建了“2+8”战略管控架构，完成了从产线管理向集团管控的转变；首钢深化改革综合试点方案于 2017 年 12 月得到批复，首钢因此成为北京市属国企唯一一家深化改革综合试点单位；河钢 2014 年正式启动总部机关管理机构改革，致力于打造去“行政化”、完全适应市场竞争的国际化、创新型、学习型精英总部机关；等等。

4. 跨地区、跨所有制兼并重组取得新突破

这一时期，企业间的兼并重组也进入到一个新的发展阶段，并形成了两种主要形式。

一种是在专业化基础上的规模化，以减少同质化竞争为目的，以资产为

纽带的重组。例如，宝武的成立及宝武与马钢重组实施协议的签订，使得打造“亿吨宝武”的目标渐行渐近。

另一种是对扭亏无望的企业进行资产重整之后的重组，具有代表性的有建龙集团重组山西海鑫和北满特钢、沙钢重组东北特钢、四源合基金入主重钢、德龙钢铁重整渤海钢铁等，这类重组也推动了混合所有制改革进程。

5. 科技创新取得重大突破，智能制造大步前行

这一时期，我国钢铁工业加强科技创新，研发出了一批世界领先的项目。例如，宝武集团“先进高强度薄带钢制造技术与产业化”项目获得了 2013 年冶金科技进步奖特等奖，而依托该项目自主研发的超高强钢新品 QP1180GA 实现全球首发，使宝武集团成为世界上唯一能够同时批量生产第一代、第二代、第三代先进高强钢的钢企。本钢实现了 2000 兆帕最高强度等级汽车钢全球首发；鞍钢研发出 690 兆帕级高性能桥梁钢和航母用钢；中信泰富、中国宝武宝钢研发出 R6 系泊链钢，填补世界空白；太钢研发出“手撕钢”和笔尖钢；马钢研发出时速 350 千米高速车轮；等等。

这一时期，随着云计算、大数据、人工智能、5G 等技术的发展和应用，我国钢铁行业智能制造发展迅速，在智能工厂、智能车间、智慧矿山、智慧仓库建设和大规模定制等方面取得很大进步，如远程“一键炼钢”在宝钢股份变成现实。目前，钢铁行业已有 9 个智能制造试点示范项目。此外，一些钢企的很多艰苦、危险、劳动强度大、精度要求高的岗位已被机器人替代。

二、我国钢铁工业取得的巨大成就

（一）建立世界产业链最完备、规模最大的钢铁工业体系

70 年来，我国粗钢产量从 1949 年的 15.8 万吨增长到 2018 年的 9.28 亿吨，年均增速达到 13%，大大高于全球平均增速；占世界粗钢总产量的比例由 1949 年的不到 0.1%提高到 2018 年的 51.3%。1996 年，我国粗钢产量突破 1 亿吨，成为全球第一产钢大国，至今连续 23 年稳居全球钢铁生产和消费第一位。如今，我国已建立了世界产业链最完备、规模最大的钢铁工业体系，成为世界最大的钢铁生产中心、消费市场和出口国。

（二）加快科技创新，技术装备跻身于世界一流水平

1949 年，我国修复后勉强能够进行生产的只有 7 座高炉、12 座平炉、22 座小电炉，如今 256 家规范企业（工信部公告）拥有 1000 立方米及以上高炉 425 座（其中，3000 立方米级 22 座，4000 立方米级 16 座，5000 立方米以上 7 座），403 座 100 吨及以上转炉（其中，300 吨及以上 14 座），995 台连铸机，619 套棒线材轧机，71 套热轧宽带钢轧机。我国 100 吨以上转炉和 50 吨以上超高功率大电炉基本达到国外同类装备的先进水平，并成为中国炼钢生产的主体设备。尤其是目前随着工业化和信息化融合，我国钢铁生产的主要流程基本实现了生产过程的自动化控制，一些大型钢铁企业已经开始智能化生产，国内大企业大型化装备及自动化控制系统已达到国际领先水平。

截至 2018 年底，钢铁行业累计建成国家重点实验室 20 个、国家工程研究中心 14 个、国家工程实验室 5 个、国家企业技术中心 42 家，组成上下游产学研用协同的国家产业技术创新战略试点联盟 4 个、重点培育联盟 1 个，建立了钢铁行业产业技术创新战略试点联盟 4 个、重点培育联盟 2 个，大部分中国钢铁工业协会会员企业都建立了企业技术中心或研究院。钢铁行业科技创新体系进一步完善，初步形成了以企业为主体、产学研用相结合的技术创新体制和机制。

（三）钢材产品质量不断提升，有力支撑了我国基础建设和经济腾飞

70 年来，我钢铁工业根据国民经济的发展和国内钢材消费结构的变化，不断调整产品结构，改善产品质量，开发具有自主知识产权的短缺品种，满足了国民经济快速发展和国防现代化建设的需要。20 世纪 50 年代初期，我国只能冶炼 100 多个钢种，轧制 400 多个规格的钢材；到 20 世纪 90 年代已能生产包括高温合金、精密合金等高端产品在内的 1000 多个钢种，轧制的钢材规格达到 4000 个左右。目前，我国除极少数批量少、生产难度高的钢材外，绝大多数钢材品种的国内市场自给率都超过了 100%。与此同时，我国钢材品种结构不断优化，板管带材比例从 1949 年的 16. 4%提高到 2018 年的 52. 83%，合金钢和低合金钢比从 1949 年的 0 提高到 2018 年的 45%以上。

70年来，我国高端钢材产品开发和钢铁新材料的研制不断取得突破，满足了我国制造业升级换代和国民经济快速发展的需求。尤其是近10多年来，围绕着我国汽车、石油化工、海洋工程、高速铁路、大型桥梁、高层建筑、工程机械等重点领域，钢铁工业在第三代汽车用钢、X80以上高等级管线钢板、高强度海工钢、船用高强度宽厚板和LNG（液化天然气）船用钢材、百米在线热处理钢轨和时速350千米高速铁路钢轨及高速车轮、高牌号取向和无取向硅钢、高档不锈钢新品种等方面均实现了重大突破，部分钢材品种达到了国际先进水平，有力地支撑了我国机械、汽车、造船、家电、石油、电力、铁路等行业对钢铁材料的升级需求。

（四）坚持绿色发展，一大批花园式工厂、清洁生产环境友好型工厂相继涌现

70年来，我国钢铁工业不断提升“三废”（废水、废气、废渣）排放标准，推行清洁生产和采用节能环保技术，在节能降耗、资源综合利用和改善环保方面取得了明显进步。在节能降耗方面，重点统计钢企吨钢综合能耗从1949年的3吨标准煤左右下降到2018年的544千克标准煤，高炉利用系数从1952年的1.02吨/(立方米·日）提高到2018年的2.58吨/(立方米·日）。我国早已全面淘汰了落后的平炉炼钢工艺，而且转炉炼钢实现了负能炼钢。

在环保减排方面，我国钢企通过引进和开发、推广应用“三废”综合治理及利用技术，废气处理率和处理废气达标率逐步提高，吨钢外排大气污染物大幅减少，水的重复利用率大大提高，外排废水中污染物总量大幅度降低。与2005年相比，2018年，重点统计钢铁企业吨钢耗新水由8.6吨下降到2.75吨，水重复利用率由94.3%提高到97.88%；重点钢企在节水和废水治理减排方面已达到国际先进水平，吨钢外排废水量由4.71吨下降到0.74吨，下降了84.3%；吨钢二氧化硫排放量由2.83千克下降到0.53千克，削减幅度高达81.3%；吨钢烟粉尘排放量由2.18千克下降到0.56千克，削减幅度为74.3%。

（五）产业结构优化，涌现出了一批具有世界影响力的钢铁企业集团

1949年，我国能生产钢铁的企业只有19家，到1978年只有鞍钢年产钢

量超过500万吨；到2018年末，已有37家年产钢500万吨以上的企业，其中年产钢2000万吨以上的8家、1000万~2000万吨的14家、500万~1000万吨的15家。按照世界钢协统计的2018年粗钢产量排名，全球前10家大型钢铁企业集团中，中国企业占6家；全球前50家大型钢铁企业集团中，中国企业占28家（含我国台湾“中钢”）。自2004年7月13日宝钢首次进入《财富》世界500强以来，上榜钢企持续增加，到2019年有中国五矿、中国宝武、河钢集团、沙钢集团、青山控股、鞍钢集团、首钢集团、新兴际华集团共8家钢铁相关企业进入世界500强。

与此同时，我国钢铁产业布局调整取得积极进展，钢铁工业消费主导型与资源主导型相结合的布局雏形已初步形成。

（六）坚持对外开放，国际产能合作成效显著

改革开放以来，钢铁工业坚持“两种资源、两个市场”的开放战略，对外开放取得了显著成效。尤其是党的十八大以来，钢铁企业抓住“一带一路”机遇，深化国际产能合作成效显著，投资重点逐步由以获取资源为主转向在钢铁冶炼和加工配送等产业链整体布局，涌现出了一批重要的海外钢铁项目。河钢集团成功收购塞尔维亚斯梅代雷沃钢厂，使百年老厂重焕生机；广西盛隆冶金有限公司马中关丹产业园350万吨综合钢厂项目顺利投产，生产经营渐行渐稳；建龙集团重组马来西亚东钢，一期项目生产迅速恢复，二期200万吨计划加速推进；青山集团印尼中苏拉威西省青山工业园区形成300万吨不锈钢冶炼和轧制能力；印尼德信公司350万吨综合钢厂项目全面开工建设，预计2019年底具备投产条件。同时，我国钢铁冶金设备技术出口也取得了较大的进展，逐步由单体设备及部件的出口，走向成套设备出口及工程总承包，国际竞争力不断提升。

三、我国钢铁工业发展的基本经验

70年来，新中国钢铁工业在“一穷二白”的基础上之所以能够实现跨越式发展，取得举世瞩目的发展成就，其基本经验就是始终坚持党的领导，艰苦创业，坚持改革开放，沿着中国特色社会主义市场经济发展道路阔步前进。

（一）坚持党的领导，是实现中国钢铁工业持续发展、强势崛起的根本原因

新中国前30年，我国钢铁行业正是在党的领导下，实行高度集中统一的计划经济体制，这充分地体现了“集中力量办大事”的社会主义制度优越性，初步建立起了完整的钢铁工业体系，奠定了新中国钢铁之基。改革开放后，我国钢铁行业始终坚持党的基本路线，以经济建设为中心，不断建立适应社会主义市场经济的机制体制，才释放出强大的生产力，崛起为世界第一钢铁大国。党的十八大以来，按照党中央、国务院的决策部署，钢铁行业以去产能为中心深入推进供给侧结构性改革，行业形势显著好转，得以迈上高质量发展道路。70年的发展历程充分说明，党的正确领导是中国钢铁工业铸就辉煌的根本原因。

（二）坚持改革开放，走中国特色社会主义市场经济发展道路，是中国钢铁工业发展的活力源泉

党的十一届三中全会后，钢铁工业一是通过改革高度集中的计划管理体制，革除政企不分、政资不分、政事不分的弊端，充分发挥市场合理配置资源的作用，充分发挥市场机制激励和约束功能，建立以现代产权制度为核心的现代企业制度，充分调动企业和职工的主动性、积极性和创造性；二是通过对外开放，引进来和走出去，实现全球资源配置，与世界强企为伍，核心竞争力不断提高，使我国快速跻身于世界钢铁大国之列。今后，我国钢铁工业也只有坚持全面深化改革和扩大开放，坚持中国特色社会主义市场经济发展道路，高质量发展目标才能够实现。

（三）坚持服务于经济社会发展，紧紧围绕解决社会主要矛盾发展生产力，是我国钢铁工业快速发展的强大动力

新中国成立70年来，国民经济发展对钢铁材料的需求牵引着钢铁工业的持续发展。1950年，我国消耗钢材81.61万吨，生产40.9万吨，缺口40.71万吨；1978年，消耗钢材3038万吨，生产2207万吨，进口863万吨。改革开放以后，虽然钢铁生产步入了持续、稳定发展轨道，但仍满足不了经济发

展的需求。1978~1992 年，我国 GDP 年均增长 9.4%，钢材表观消费量年均增长 6.4%，钢材生产量年均增长 8.4%；1993~2000 年，我国 GDP 年均增长 10.1%，钢材表观消费量年均增长 7.5%，钢材生产量年均增长 7.2%。进入 21 世纪以后，我国以汽车、住房、家电为主的消费升级，不仅带动了经济快速发展，而且对钢材数量和质量提出了更高的需求，中国钢产量快速提升同时，板管比也大幅提高，从 2000 年的 41.7%提高到 2018 年的 52.83%。如今，满足人民日益增长的美好生活需要，解决发展不平衡不充分的问题，必将推动钢铁工业实现高质量发展。

（四）坚持科技创新，是我国钢铁工业强势崛起的重要驱动力

从由单纯强调自力更生、自我研发，转变为引进、消化国际先进冶金技术提高钢铁生产能力；从由政府部门及其科研、设计单位主导钢企技术进步，转变为钢企成为技术进步的投资、研发、组织主体，并把技术进步作为企业提升综合实力和核心竞争力的主要手段；从模仿、跟随国外先进冶金技术转变为自我集成、自主研发、原始创新，实现工艺装备国产化……新中国成立 70 年来，特别是改革开放 40 年以来，我国钢铁工业始终坚持科技创新，技术装备发生了翻天覆地的变化，工艺技术全面现代化。未来，持续提高自主创新和原始创新能力，亦将驱动钢铁工业迈上全球价值链中高端。

四、新时代我国钢铁工业的目标和任务

迈入新时代，面对我国经济已由高速增长阶段转向高质量发展阶段的实际，钢铁工业要坚持以习近平新时代中国特色社会主义思想为指引，全面贯彻落实党的十九大精神，坚持创新、协调、绿色、开放、共享五大发展理念，继续深化供给侧结构性改革，加快转型升级，打造质量效益型、创新型、集约型、绿色生态型、智慧型、服务型钢铁，率先实现高质量发展，力争成为我国经济高质量发展的开拓者、引领者和支撑者，实现在 2030 年左右建成世界钢铁强国的目标，为实现“两个一百年”奋斗目标和中华民族伟大复兴的中国梦提供坚实的基础。

（一）深化供给侧结构性改革，打造质量效益型钢铁

我们要进一步深化供给侧结构性改革，运用市场机制、经济手段和法治

办法，严防已去除的产能和“地条钢”死灰复燃，严禁新增产能，深入解决产能结构的深层次问题，确保钢铁供需基本平衡、行业运行平稳，提高发展质量，实现可持续经营。

我们要大力推进质量品牌建设，走质量效益型发展道路。要积极树立以稳定为核心的质量意识，采用洁净钢生产、精准轧制、产品质量管理一贯制等质量提升技术，全面提升钢铁产品实物质量的稳定性和持久性；开发使用高效化低成本生产技术，提高钢材产品综合竞争力；坚持需求牵引和战略导向，以满足传统产业转型升级、战略性新兴产业发展和重大技术装备需求为主攻方向，着力突破一批关键品种，提高关键战略材料的综合保障能力；以标准为引领，推进质量分级与评价工作；以中国品牌日和“质量月”活动为抓手，大力开展质量标杆和钢铁品牌推荐工作，做强钢铁品牌。

（二）加快战略重组，优化产业布局，打造集约型钢铁

我们要树立“全国一盘棋”的意识，按照市场化运作、企业主体、政府引导的原则，结合化解过剩产能和深化区域布局调整，推动行业龙头企业实施跨行业、跨地区、跨所有制兼并重组，形成若干家世界级一流超大型钢铁企业集团；在不锈钢、特殊钢、无缝钢管等领域形成若干家世界级专业化骨干企业；产钢大省的优势企业以资产为纽带，推进区域内钢铁企业兼并重组，形成若干家特大型钢铁企业集团，改变过于分散的局面，提高区域产业集中度和市场影响力。超大型和特大型钢铁企业集团粗钢产能占全国的比重力争超过60%，形成一批专用产品优势明显、自我发展能力强的专业化龙头企业集团。

（三）加快自主创新和原始创新，打造创新型钢铁

我们要坚持创新驱动发展战略，充分整合科技资源，发挥企业的创新主体作用、设计单位的桥梁和推广作用、大学和科研院所的基础先导作用，实施产学研用相结合的创新模式或产业联盟，通过市场化运作机制和多元化合作模式，提升产业链协同创新的能力；在钢铁领域建设国家级行业创新平台，提高原始创新、自主集成创新能力，开展行业基础和关键共性技术产业化创新工作，在低能耗冶炼技术、节能高效轧制技术、全流程质量检测预报和诊

断技术、钢铁流程智能控制技术、新材料研发、高端装备用钢等方面有重大突破。

（四）坚持绿色发展，推动实施超低排放改造，打造绿色生态型钢铁

我们要以推动实施超低排放改造为抓手，推动绿色发展，使钢铁生产与生产要素、环境容量相协调，实现钢铁与城市的和谐友好，为打赢蓝天、碧水、净土保卫战做出钢铁贡献。具体来说，要推广应用和全面普及先进适用、成熟可靠的节能环保工艺技术装备；全面完成烧结脱硫、干熄焦、高炉余压回收等改造，淘汰高炉煤气湿法除尘、转炉一次烟气传统湿法除尘等高耗水工艺装备；全面建成企业厂区主要污染物排放的环保在线监控体系；实现先进节能环保技术，焦炉和烧结烟气脱硫脱硝、综合污水回用深度脱盐等节能环保难点技术的推广普及；在环境影响敏感区、环境承载力薄弱的钢铁产能集中区，实施封闭式环保原料场、烧结烟气深度净化等清洁生产技术改造；在钢铁产业集聚区，实施物流集中铁路运输方案，系统优化物流体系，减少物流过程中无组织排放。

（五）推动两化融合和智能制造，打造智慧型钢铁

我们要在智能制造上下功夫 ，把物联网、大数据、云计算、人工智能等集成运用于制造业全产业链，实现设备、工厂、用户以及上下游企业之间的无缝对接，推动企业研发、生产、管理、服务模式的革新，以敏捷制造、精益管理、精准服务实现个性化定制、柔性化生产、网络化协同和效率提升。有条件的钢铁企业应建立大数据平台，在全制造工序推广知识积累的数字化、网络化；在环境恶劣、安全风险大、操作一致性高等岗位完成机器人替代工程；普及钢铁企业两化融合管理体系贯标和评定，完成钢铁智能制造标准化工作。

（六）加快由制造商向服务商转变，打造服务型钢铁

我们要进一步全面确立以用户为中心的产品理念和服务意识，加速由制造商向服务商的转变，打造服务型钢铁。结合先期研发介入、后期持续跟踪

改进（EVI）模式，创新技术支持和售后服务；完善物流配送体系，提供材料推荐、后续加工使用方案等一系列延伸服务；创造和引领高端需求，在高技术船舶、海洋工程装备、先进轨道交通、电力、航空航天、机械等领域重大技术装备所需高端钢材品种的研发和产业化方面有重大突破，持续增加有效供给。

回顾过去，我们豪情满怀；展望未来，我们信心倍增。我们相信，只要我们坚持以习近平新时代中国特色社会主义思想为指引，认真贯彻落实党的十九大精神和各项政策，不忘初心、勇担使命，深化改革、锐意创新，按照高质量发展要求拼搏进取、攻坚克难，钢铁强国这个几代钢铁人的“中国梦”，就一定能够如期实现！

（原刊于《中国冶金报》2019年10月1日1版、7版）

一、新形势新要求，钢铁强国仍在路上

——中国钢铁工业协会2019年轮值会长高祥明谈70年钢铁工业发展及时下热点问题

70年风雨同舟，70年辉煌共铸。从新中国成立初期的缺铁少钢蜕变成为现在钢产量雄踞世界之首，中国钢铁工业走过了一条曲折而辉煌的奋斗之路，取得了举世瞩目的发展成就，为国民经济建设和社会发展提供了重要的原材料保障，有力推动了我国的工业化、现代化进程。如何评价70年来中国钢铁工业发生的巨大变化？当前中国钢铁行业还有哪些焦点问题有待解决？中国钢铁工业协会有哪些行动计划？

围绕这些问题，《中国冶金报》记者日前采访了中国钢铁工业协会会长，太钢集团董事长、党委书记高祥明。

70年发展成就辉煌，突出问题仍须下气力解决

“1949年，我国生铁、粗钢、钢材年产量分别为25万吨、16万吨、14万

吨。新中国成立之初，缺钢少铁是影响全局的重大问题。”高祥明回顾钢铁工业发展历程时说，“因此，国家花大力气发展钢铁工业。”

从“一五”计划开始，国家掀起三次钢铁建设高潮，从矿山开采、设计施工、冶炼轧制，到机修制造、科研院所建设，形成了完整的钢铁工业体系，建成一批国有骨干钢铁企业。经过 30 年的发展，到改革开放前的 1978 年，我国生铁、粗钢、钢材年产量已分别达到 3479 万吨、3178 万吨、2208 万吨，钢产量居世界第 5 位。改革开放以来，为适应国民经济高速发展对钢铁的旺盛需求，国有和民营企业投资钢铁的热情高涨，钢铁生产规模加速扩大。我国继 1996 年粗钢产量首次突破 1 亿吨后，从 2003 年起又相继跨越了 2 亿吨、3 亿吨、4 亿吨、5 亿吨、6 亿吨、7 亿吨大关，并于 2013 年突破 8 亿吨大关。2018 年产钢 9. 28 亿吨，占世界钢铁产量的半壁江山。

高祥明认为，中国钢铁工业 70 年的发展，取得的成就有目共睹、举世公认。主要表现在 3 个方面：一是钢材以满足内需为主，有力地支撑了国民经济发展，市场供求虽有起伏，但总体平稳。二是科技创新不断深化，钢铁工艺装备现代化水平不断提高，主要钢铁企业的工艺技术达到世界先进水平。三是产品结构不断优化，质量水平持续提升，中国完全可以自主生产市场有需求的各种高等级钢材，有力支撑了下游行业的转型升级。

“当然，回顾 70 年的发展变迁，我国钢铁工业也经历了一些波折。特别是钢铁工业在高速发展时期积累的产能过剩、负债率过高、节能环保还不能很好地满足人民日益增长的美好生活需要等突出问题，需要花大力气去解决。”高祥明指出。

供给侧改革成效显著，多方应同心协力坚定推进

“习近平总书记提出的‘巩固、增强、提升、畅通’的‘八字方针’，是我国今后一段时期经济发展必须遵循的准则，更是钢铁工业走好由大变强伟大征程的根本遵循。”高祥明强调。

众所周知，自 2016 年以来，钢铁行业供给侧结构性改革取得新突破，“三去一降一补”成效显著。特别是提前两年完成了 5 年化解过剩产能 1. 5 亿吨的目标任务，产能严重过剩矛盾得到有效缓解，优质产能作用得到充分发

挥，产能利用率基本恢复到合理区间，企业效益明显好转，全行业 2016 年扭亏为盈，2017 年效益大幅增长，2018 年达到历史最好水平。

高祥明告诉《中国冶金报》记者，作为这一剧变的亲历者，他深切感到，深化供给侧结构性改革是破解我国当前经济问题的正确选择，应当继续坚持以供给侧结构性改革为主线不动摇，更多采取改革的办法，更多运用市场化、法治化手段，巩固“三去一降一补”成果，增强钢铁企业主体活力，提升钢铁产业链水平，大力发展循环经济，确保钢铁产业健康持续发展。

应当看到，今年上半年，国民经济增速放缓，汽车、家电等钢铁下游行业需求强度趋弱，国际贸易保护主义盛行，钢铁出口受阻，造成需求下降；受炒作因素的影响，铁矿石价格创近 5 年新高，加上国家减税政策在某些领域落实不到位，钢铁生产成本明显提高；由于原来未被完全纳入统计范围的企业增产过多，加上国家不再执行“一刀切”的环保限产政策，限产力度比去年同期明显宽松等因素，粗钢产量持续攀升，钢铁产能释放超出预期。

对此，高祥明分析指出：“上述三方面因素叠加，钢铁行业呈现出‘高产量、高成本、缓需求’的态势，钢材市场供强需弱的特征显著，钢材价格以相对弱势运行为主，企业利润同比下降。”

针对这种市场新态势，高祥明从行业、企业、协会角度分别开出了“药方”。他强调，在新的情况下，钢铁行业要同心协力，坚定不移地推动产能过剩矛盾的化解。

对于钢铁企业而言，应克服等、靠、要和无所作为的思想，加强生产经营自律，减小产能过剩的影响。企业应做到理性安排生产，坚持没有合同不生产、不给钱不发货，努力做到没有边际效益不生产、没有毛利不生产、没有利润不生产。此外，对低于生产成本销售、扰乱市场行为的企业要纳入失信企业名单。企业要积极参与建设完善铁矿、煤炭、钢铁等公开、公正、公平的价格形成机制，树立规范有序市场竞争意识，维护公平、公正、有序的市场竞争秩序。

对于钢协而言，要发挥好桥梁纽带作用，积极向政府反映企业的诉求，协助政府落实惠企政策、搞好行业管理，组织会员企业加强沟通，形成共识，合力推进问题的解决。还可以建立产能预警系统；建立生产企业产能实际利用率统计与公布系统，定期向社会发布产能利用率信息，包括行业产能平均利用率与主要品种产能利用率；建立投资项目统计与公布系统，对在建项目、可研项目，及论证项目实行动态跟踪，并定期公布。

“针对近期铁矿石价格非理性上涨的问题，钢协积极发声，主动引导，并且组织成立了进口铁矿石工作小组，围绕进口铁矿石专业工作加强行业自律，开展专题研究，提出政策建议，以维护进口铁矿石市场秩序，维护国家和钢铁企业的合法权益。”高祥明表示，“今后，我们还要围绕稳运行、稳效益做更多的工作。”

提高产业集中度，多种方式联合重组是良策

国家发展改革委印发的《2019年钢铁化解过剩产能工作要点》提出，积极稳妥推进企业兼并重组。高祥明对此充分肯定，并强调：“兼并重组是提高产业集中度的重要途径，是避免过度竞争，提高国际话语权，推进钢铁工业健康持续发展的重要手段。”

纵观钢铁行业70年的发展历程，由于经济体制的变化，产业集中度经历了一个从高到低的过程。首先是新中国建立初期，我国的钢铁产能集中在为数不多的国有企业中，绝大部分钢都产自“十大钢”。其次是改革开放以来，诞生了宝钢等特大型现代化钢铁企业，也产生了数以千计的钢铁企业。目前，中国有四五百家钢铁冶炼企业，有上万家钢材轧制加工企业。企业数量的增长，一方面推动了总产能的增长，另一方面拉低了产业集中度。到2018年，产业集中度只有35.3%，比2017年低1.6个百分点。

高祥明指出，产业集中度是一个与竞争激烈程度负相关的指标，产业集中度下降的过程也是一个竞争度提高的过程。适度的竞争是活力源泉，但过度竞争不利于行业可持续发展。“目前我国钢铁企业多而分散，同质化竞争激烈，创新投入分散，创新合力不强，不利于从钢铁大国向钢铁强国的转变。因此，应当加大兼并重组力度，加快产业集中度的提升。”他强调。

高祥明指出，推进钢铁行业兼并重组，应统筹规划，科学布局，按照《钢铁工业调整升级规划（2016—2020年）》要求，发挥企业主体作用和政府推动作用，积极推进多种方式的联合重组。一是以国有企业为突破口，推

动跨省市、跨地区企业联合重组；二是以区域内大型企业为龙头，鼓励有条件的企业实施联合重组；三是以钢铁大省、产业聚集区为依托，推进区域内企业联合重组；四是以民营企业为有力补充，正确引导民营企业联合重组；五是提倡不锈钢、特钢、钢管等专业化企业联合重组；六是与上游原材料供应商和下游客户建立跨行业、跨地区的联合重组。

“要通过多种方式的兼并重组，确保到2025年前10家钢铁企业的产量之和占全国总产量60%以上的目标按期实现，进一步提高产业集中度，解决影响行业发展的重大问题。”高祥明说。他举例道，通过兼并重组，有助于优化铁矿石、废钢等资源配置，缓解水资源匮乏和矿产资源短缺压力，压减过剩钢铁产能。另外，将钢铁企业联合重组与城市钢厂搬迁相结合，可减少城市环境污染，引导产业有序转移和集聚发展，优化生产力布局。

70年环境绩效明显提升，新形势下须迎难而上

谈到对钢铁行业70年来环保方面的变化最有感触的地方，高祥明表示：“全行业节能减排指标持续改善，钢铁企业的环境绩效水平明显提升。特别是近十几年来，一大批清洁生产环境友好型企业和花园式工厂不断涌现，越来越多的钢铁企业正在与社会和谐共融发展的道路上阔步前进。”

一方面，钢铁行业能源、资源利用水平不断提升。与2005年相比，2018年重点统计钢铁企业平均吨钢综合能耗由694千克标煤降至555千克标煤，焦炉煤气、高炉煤气回收利用率分别提高了3.4个百分点、7.8个百分点，吨钢转炉煤气回收量由32.8立方米提高到106立方米；钢协重点统计钢铁企业吨钢耗新水由8.6吨下降到2.75吨，水重复利用率由94.3%提高到97.88%。同时，通过持续开发推广冶金渣资源化利用技术，构建起完整的“资源—产品—再生资源”循环经济产业链，2018年，钢渣、高炉渣、含铁尘泥利用率分别达到97.92%、98.1%、99.65%。

另一方面，钢铁行业主要污染物排放指标大幅度降低。2005~2018年，钢协重点统计钢铁企业吨钢二氧化硫排放量由2.83千克下降到0.53千克，削减幅度高达81.3%；吨钢烟粉尘排放量由2.18千克下降到0.56千克，削减幅度为74.3%。

为全面贯彻落实习近平生态文明思想，打赢蓝天保卫战，今年4月生态环境部等五部委联合发布了《关于推进实施钢铁行业超低排放的意见》，体现了当今全球钢铁业最严格的生态环境保护排放指标和要求，极具挑战性。

高祥明指出，面对新形势、新要求，全体钢铁人将迎难而上，绝不退缩。

一是高质量推进超低排放改造，选择合适的技术路径，保证资金投入，严把工程质量关，加强运行管理，关注新技术、新工艺的应用与完善。

二是提高站位，从规划、设计上增强绿色低碳意识，使钢厂助力城市绿色发展。

三是积极开展碳减排活动。习近平总书记多次强调，应对气候变化不是别人要我们做，而是我们自己要做，是我国可持续发展的内在要求，是推动构建人类命运共同体的责任担当，钢铁企业要主动作为、及早行动，加快推进绿色低碳发展，采用低碳先进技术，在实施超低排放过程中协同考虑碳排放，持续为应对全球气候变化做出钢铁人的贡献。

四是希望各级政府对实施超低排放改造的钢铁企业给予更多激励，对开发应用超低排放新技术出现的问题给予必要的宽容，并实施更加科学有效的“差别化管控”。

“我相信，在各方面共同努力下，钢铁工业一定能实现转型升级绿色发展的目标，成为新时代中国经济社会发展不可或缺的支撑产业，成为与社会、城市、生态环境共融共存的低碳绿色产业！”高祥明强调。

（原刊于《中国冶金报》2019年9月3日1版，记者　罗忠河　实习记者　樊三彩　通讯员　程筱明）

二、殷瑞钰：向引领世界钢铁发展迈进

“70年来，中国钢铁工业解决了有没有、够不够，甚至不少好不好的问题，正在迈向能不能引领世界钢铁发展的过程中。”9月7日，在由中国钢铁工业协会主办、中国冶金报社承办的钢铁行业庆祝中华人民共和国成立70周年座谈会上，中国工程院院士、原冶金工业部副部长殷瑞钰指出。

殷瑞钰认为，中国钢铁工业在技术进步方面取得了伟大成就。

改革开放以来——吸收引进先进技术，钢厂技术结构升级

殷瑞钰回忆道，新中国成立时，全国年产粗钢仅 16 万吨。后来国家建设鞍钢三大工程和武钢、包钢两大基地，依靠自己的力量，于 20 世纪 50 年代发展侧吹碱性转炉、铝镁砖等技术；20 世纪 60 年代开展“三线建设”，建立攀枝花、酒泉钢铁厂。“但是，总体来看，当时中国钢铁工业仍处于技术落后的状态。”殷瑞钰指出。1978 年时，全国粗钢产量只有 3178 万吨，钢厂的生产流程结构和工艺装备水平尚处于落后状态，钢铁产品则是以“面条、裤腰带”（即螺纹钢、盘条和窄带钢等）为主，缺乏现代化的板管材。

20 世纪 70 年代，武钢 1700 轧机工程带来了现代化板带生产技术。改革开放以来，宝钢的建设、投产为我国钢厂现代化提供了模板，展示了现代化钢厂的生产流程和专业化生产方式的特点，以及一系列保证质量、节约能源、环境保护的现代化工艺、装备。20 世纪 80 年代开始，钢铁工业开始抓全面质量管理（TQC）、节能评比，提倡系统节能，开展新产品攻关，特别是国防军工产品攻关，科技进步开始有了起色。

“20 世纪 80 年代末，中国钢铁工业开始重视连铸这一颠覆性技术的发展，提出了‘以连铸为中心’的生产技术方针，推动全连铸钢厂的建设、改造。”殷瑞钰认为，连铸技术的发展，释放了转炉的生产潜力，不少转炉的产量成倍提高。“不过，由此引起了高炉铁水、焦炭供应不平衡，大家进而认识到高炉喷吹煤粉、高炉长寿技术已经成为大多数钢厂的关键共性技术。在 20 世纪 90 年代初，全行业对这两项技术开展了自主攻关，使得炼铁产量可以和炼钢—连铸的增产相适应。”他回忆道。

在连铸技术得到快速发展的基础上，为了提高轧钢的生产效率、成材率，发展连轧技术提上了日程。殷瑞钰表示，以棒材连轧机国产化、高速线材连轧机国产化为突破口的连轧机攻关和提高长材连轧比等系列攻关在中国开展起来并逐步推广，与连铸技术相互协同配合，促使钢厂生产制造流程产生了结构性的升级。

“在上述几项关键共性技术取得全国性突破的同时，各钢厂逐步开展了以

建立先进工艺流程、淘汰落后工艺和装备为主的结构性系统节能，从而引起了钢厂生产流程的重构性集成优化。”殷瑞钰指出。

殷瑞钰介绍，到了20世纪90年代中期，我国钢铁工业引进、消化了溅渣护炉技术，炉龄很快达到5000炉以上，改变了转炉“三吹二”“两吹一”的模式，打通了生产流程协同—连续运行的技术瓶颈，促进了钢产量的提高。20世纪90年代中后期，我国引进了一批大型超高功率电炉，为电炉流程发展打下了基础。

“可以说，20世纪八九十年代是在引进、吸收国际先进技术的基础上，中国钢铁工业进行技术结构调整、生产效率提高、生产流程结构升级的时期。1996年粗钢产量突破年产1亿吨，中国出现了一批全连铸钢厂，到2000年，全国连铸比达到了87.3%。”殷瑞钰表示。

步入新世纪——
产品结构、工程能力大幅提高，高水平科技人员快速成长

“新世纪以来，中国钢铁工业在环境保护、节能减排方面取得了长足进步。”殷瑞钰强调。

在他看来，21世纪，中国钢铁工业技术进步的重要标志是自主设计、自主建设、自主运行、自主管理了一批新一代沿海钢厂，特别是鞍钢鲅鱼圈钢厂、曹妃甸首钢京唐钢铁公司和宝钢股份湛江钢厂等。“这是中国钢铁工业技术进步自主集成创新的综合体现。”殷瑞钰表示。他认为，在这一过程中，钢厂的功能定位得到了拓展，强调新一代钢铁联合企业应该具有“三个功能”，即高效率、低成本的洁净钢产品制造功能，能源高效转换和回收利用功能，大宗社会废弃物的消纳、处理和再资源化功能。

另外，薄板坯连铸—连轧这一先进工艺流程也在中国得到蓬勃发展，到2018年已拥有17条（32流）作业线，我国成为全球薄板坯连铸—连轧产线最多、产出最多、产品开发繁多的国家。薄带连铸技术在宝钢的自主研发下，得到了工程化水平上的突破。

改革开放40年以来，特别是21世纪以来，中国钢铁业的产品结构与品种研发取得了结构性的变化。在钢产量连续增长的进程中，扁平材、管材的比例不断上升，板管比由1978年的32.3%上升到2000年的41.7%，再到

2017 年的 53.6%。一系列汽车用钢、桥梁用高强钢材、船舶用钢、高速铁路钢轨、输油（气）用高钢级管线钢可以立足国产，各类电工用硅钢（包括高磁感变压器用硅钢在内）也可以立足于国产并出口国际市场。此外，某些优秀特殊钢厂的轴承钢也达到了国际一流水平。

殷瑞钰强调："这体现着一批大型转炉、RH 精炼装置、大型板坯连铸机，高水平的热轧、冷轧带钢轧机的设计、建造和运行能力的提高，以及一批高水平的科技人员的成长。"

殷瑞钰指出，在这些技术进步的支持下，中国钢材的进出口情况发生了转折性的变化。从 2006 年开始，我国成为钢材净出口国；据海关统计，2007 年开始，单价 1000 美元/吨以上的钢材出口量超过进口量；2010 年开始，单价 2000 美元/吨以上的钢材出口量也超过了进口量，其中包括了取向硅钢等高端产品，这表明我国高档钢材的竞争力和技术支撑力明显增强。

同时，他表示，我国在钢厂技术进步过程中，也带动了工程设计能力和工程建设能力的提高，并拥有一支强大的队伍。现在，我国是国际上少有的能够自主设计、建设全流程现代化钢厂的国家之一，而且结合"一带一路"建设的步伐，有能力走出去承担国际项目的工程设计和工程建设的项目总承包。

"中国钢铁工业有今日之实力，是在党的领导下，经过四五代钢铁界的志士仁人经过不断努力奋斗取得的，并且在突破年产 1 亿吨钢之后继续飞速发展，主要依靠的是中国自己培养的人才。"殷瑞钰总结道，"现在中国已经成为全球的钢铁生产中心、钢铁消费中心，中国应该进一步成为全球钢铁—材料的教育中心和研发、设计中心。"

殷瑞钰同时指出，在新的历史时期的背景下，我们还存在一些发展不平衡、不充分的问题。例如，资源/能源结构：吨钢废钢消耗少，铁矿石、煤炭消耗多；流程结构：高炉—转炉流程比例大，电炉短流程比例小；环保—生态欠账大，技术支撑力不够，特别是烧结工序和焦化工序，投入不足等。

对此，殷瑞钰表示："雄关漫道真如铁，而今迈步从头越。我们有理由为新中国 70 年以来中国钢铁工业的发展和技术进步所取得的伟大成就而欢呼、自豪，我们要贯彻落实十九大精神，遵循创新、协调、绿色、开放、共享五大发展理念，继续前进。"

（原刊于《中国冶金报》2019 年 9 月 11 日 1 版，实习记者　樊三彩）

三、炉火映初心　钢铁担使命

——原冶金工业部副部长、中国钢铁工业协会原会长吴溪淳访谈录

20世纪以来，在浩如星云的金属器物中，有两种注定要成为中华民族的信仰徽章和精神旗帜——镰刀和斧头。因为，这上面铭记着中华民族从站起来到富起来，再到强起来——实现伟大复兴中国梦的钢铁般的意志和磅礴伟力。

作为一名共产党员，既然在绣有“镰刀斧头”的党旗下宣读过誓言，既然把“镰刀斧头”的党徽挂在胸前，就要永远把“镰刀斧头”的追求、目标、梦想、期盼揣在心中，握在手中，就要永远以“镰刀斧头”的品格为范，淬炼自己。初心锻造七十载，逐梦奋进坚如钢。

吴溪淳，这位亲历和见证了我国钢铁工业成长、壮大、辉煌历程的新中国第一代钢铁人，这位84岁的老前辈，他做到了。

在中华人民共和国成立70周年之际，中国冶金政研会、《冶金企业文化》杂志社组团，采访了原冶金工业部副部长、中国钢铁工业协会原会长吴溪淳。

坚守初心　方得始终

“在新中国成立70周年的日子里，您最深刻的感悟是什么？”

吴溪淳：我永远不会忘记1949年10月1日在天安门广场经历的一切。那天，我目睹了五星红旗在广场上空冉冉升起。当我和同学们提着红五星式的烛灯，随着游行队伍缓缓经过天安门城楼，高呼“毛主席万岁！”时，我仰望着城楼上的毛主席，近距离听到他高呼“人民万岁！”，当时真是心潮澎湃。这声音经久不衰，伴随我的一生。那时我14岁，是北京育德中学初二的学生，加入中国新民主主义青年团（1957年5月改称为中国共产主义青年团）才两个月。

记得1949年暑期，我报名参加了北平市（于1949年9月更名为北京市）团委组织的北平大中学生暑期学习团。那时北平还没多少团员，发展新团员需要办学习班。北平市委十分重视这个班，北平市委书记彭真（北京市第一任市委书记）给我们讲了第一堂课，授课的还有蒋南翔、杨献珍、艾思奇等老前辈。在这次学习中，我知道了，青年团是共产党的接班人，中国共产党是为人民谋幸福的，他的使命就是实现中华民族的复兴。中华民族曾经有过辉煌，但自从鸦片战争后，中国人民深受帝国主义、封建主义、官僚资本主义压迫，被人踩在脚下，直不起腰来。中国共产党领导人民干革命，就是推翻“三座大山”，建立社会主义新中国，让人民过上幸福生活，实现中华民族复兴。共产党的终极目标是实现共产主义。现在习近平总书记强调不忘初心就是为中国人民谋幸福，牢记使命就是为中华民族谋复兴。中国共产党从一开始就是这个信念，从未改变。接受了新思想的启蒙和熏陶，这年7月底我就积极加入了青年团。

那年正值建党28周年，我有幸参加了在先农坛举行的庆祝大会，第一次见到在主席台就座的毛泽东主席。暑期学习，不仅使我对共产党有了初步认识，对为人民谋幸福、实现民族复兴有了深入理解，也使我初次了解到社会主义与共产主义的区别。列宁说，苏维埃政权加电气化就是社会主义，那时苏联已经实现社会主义；共产主义呢？斯大林说，共产主义没有6000万吨的钢是实现不了的。当时中国年产钢才15.8万吨，什么时候才能达到千万吨？这简直就是个梦。但就是这个梦，使我坚信钢的力量和意义，对钢在国家未来发展中的重要地位有了认识，从此开启了我钢铁报国的梦想。

1951年7月，我初中毕业时看到重工业部（冶金工业部前身）举办的北京重工业学校（后来的北京钢铁工业学校）有炼钢专业，就毅然报考了。1951年9月入学，第二年9月我就成为一名光荣的中共预备党员。1955年，我如期毕业被分到鞍钢第二炼钢厂做技术员。为了实现电气化的社会主义，奔向共产主义，我深感知识的欠缺，边工作边上夜大继续学习炼钢。1961年，我从鞍山钢铁学院夜大本科毕业。知识的提升，实践的积累，使我从技术员锻炼成长为工程师。

按照毛主席指示：鞍钢不仅要出钢材，更要出人才。1965年，我欣然离开被称为“共和国长子”的鞍钢，被先后调到西南钢铁研究院和攀枝花钢铁公司支援“大三线”建设。在鞍钢的10年，正值国家实施“一五”计划和大炼钢铁，我不但学知识学文化，切身体会到国家实现钢铁强国的迫切期望，更学到了钢铁工人为国无私奉献的精神。鞍钢的孟泰和走出鞍钢的雷锋都是我们身边学习、敬仰的榜样。能为国家多建一座钢厂出力，是我们那代人无怨无悔的追求。

从1949年参加开国大典，到今年新中国70华诞；从1955年投身钢铁行业，当年全国产钢286万吨，到2015年从中国钢铁工业协会名誉会长的位置退休，全国年产钢8亿多吨，我与共和国一起成长，看到了共和国发生的翻天覆地变化；在钢铁行业摸爬滚打60年，见证了钢铁工业发展、壮大。为国家、为人民做出了自己的贡献，我这辈子值啊！

民族复兴　钢铁先行

“我国钢铁人的使命体现在哪里？”

吴溪淳：搞钢铁的人使命感强啊！这还得从新中国成立初期说起。当时毛主席就说，一个粮食，一个钢铁，有了这两个东西就什么都好办了。为承担起建设新中国的重任，从1949年到1952年的三年恢复期，国内仅有的几家钢铁厂都抓紧恢复生产。鞍钢用半年时间打通了从采矿到成材的全流程；用两年时间，举全国之力建起新中国第一个大型钢铁联合企业，创造了世界工业建设史上的奇迹。在党中央关怀、支持下，“一五”计划的第一年，即1953年，鞍钢提前完成无缝钢管厂、大型轧钢厂和7号高炉“三大工程”的建设并投产。1955年我到鞍钢时，切身感受到干部职工钢铁报国的冲天干劲，全身心投入到轰轰烈烈建设祖国的热潮中。这年全国钢产量286万吨，鞍钢贡献了近160万吨。

1956年8月，在党的八大前夕，毛主席针对中国钢铁发展说：“6亿人口的国家，在地球上只有一个，就是我们。过去人家看我们不起，是有理由的，因为你没有什么贡献。钢一年只有几十万吨，还拿在日本人手里。国民党蒋介石专政22年，一年只搞到几万吨。我们现在也还不多，但是搞起一点来了。今年可能达到400多万吨，明年突破500万吨，第二个五年计划，要超过1000万吨，第三个五年计划就可能超过2000万吨。我们要努力实现这个目标。”这是领袖对钢铁的期望，钢是为人民谋幸福的条件，也是国家立于世界之林的必要基础！

挺直腰板，把钢搞上去。1958 年，在“赶英超美”的呼声中，全国上下曾掀起大炼钢铁运动。毛主席很快意识到问题所在，多次请炼钢专家到中南海讲授钢铁冶炼理论，最终使钢铁生产重新步入发展轨道。直到 1969 年产钢 1333 万吨，突破 1000 万吨；1971 年产钢 2132 万吨，突破 2000 万吨。改革开放后的 1978 年突破 3000 万吨大关，达到 3178 万吨，超过英国；1982 年 3716 万吨，超过联邦德国；1992 年 8093 万吨，超过俄罗斯；1993 年 8953 万吨，超过美国；1996 年 10200 万吨，超过日本，跃居世界第一！此后持续攀升，2018 年达到 9.28 亿吨，稳居世界产钢大国位置。

1958 年的大炼钢铁虽然走了一段弯路，但也激发出广大钢铁人建设美好国家的冲天干劲，在短时间内实现了早在 1956 年就提出的“三大、五中、十八小”钢厂建设和全国钢铁布局。今天的 9 亿吨钢，就是从那时的基础上发展起来的。

钢铁人的使命感从一开始就与国家命运紧密连在一起。领袖的期望、国家的需要、人民的幸福，成为钢铁人矢志不渝的追求目标。

钢铁发展　惠及百姓

“我国钢铁业的发展最大的受益者是谁？与普通百姓有什么关系？”

吴溪淳：钢铁发展给老百姓带来的好处是看得见、摸得着的，是足够的钢铁使百姓真正有了获得感、幸福感。从衣食住行到高铁、家电都离不开钢铁。我入团、入党时，就牢记一句话——“共产党是为人民谋幸福的”，这是中国共产党人的初心。党的十八大，习近平总书记说：“人民对美好生活的向往就是我们奋斗的目标。”这和我最初接触到的“为人民谋幸福”是一脉相承的。看新中国 70 年巨变，看钢铁人为国家做出了哪些贡献，就看老百姓的衣食住行、生活条件因钢铁的发展得到哪些改善。

人民生活的最大改善首先表现在居住环境上。

1949 年，我国城镇人均居住面积为 4.3 平方米；改革开放时的 1978 年为 6.7 平方米；2018 年达到 39 平方米。

居民耐用消费品的拥有量体现着国民的生活水准。

2017年，全国居民每百户家庭拥有家用汽车29.7辆、家用洗衣机91.7台、家用电冰箱95.3台。现在百户家庭拥有空调器78.6台、彩色电视机122.2台。在城镇，像我家这样几个房间都有空调和电视的家庭比比皆是。

现在移动电话已普及。百户农村家庭有246.1部，比城镇多26.1部，因为在外工作的农民工多于城镇，他们更需要手机与家人沟通。

中国家电除满足国内市场需求外还出口到国外。2017年，我国大家电合计生产5亿台，出口2.06亿台。2018年我国生产家用电冰箱7993.2万台、空调2.045亿台、彩电1.88亿台……

经测算，中国轻工家电行业（包括五金）消费钢材4450万吨。

百姓的耐用消费品年年递增，由改革开放初期的进口到现在的出口，这是一个史无前例的飞跃啊！

建筑业是用钢大户。2016年，我国建筑业房屋竣工面积及商业、服务业用房、办公用房及建筑物达42.24亿平方米，经测算，需要消费钢材2.56亿吨。

70年来，老百姓受益最大的就是出行方便了，这得益于我国铁路、公路、民航等交通运输的飞速发展。

2018年末，我国铁路运营里程已达到13.1万千米，其中高铁2.9万千米；而改革开放之初的1978年只有5.17万千米，那时还没有高铁。近几年，铁路建设每年投资达8000亿元以上，年消费钢材达2600万吨。“2600万吨钢”，这曾是20世纪全国钢产量连续三年都没逾越的坎，如今每年的铁路用钢量就是过去全国的钢产量。2018年末，我国公路通车里程达486万千米。其中，高速公路达14.35万千米，仅此一项就消费钢材3520万吨。

铁路、公路建设两项加起来就消耗6000多万吨钢。按照目前的规划，今后每年至少需要6000万吨钢，才能满足国内铁路、公路发展的需要。

我国城市轨道交通的发展使百姓出行更便利。2017年末，我国内地共有34个城市建成开通城市轨道交通，地下和路面上运营线路165条，里程达到5033千米，共3234座车站；2018年又新增734千米，全国达到5767千米，已走在世界前列。现在上海城市轨道732千米，北京685千米，地铁运营里程超过伦敦、纽约、东京等世界大城市。

值得一提的是，现在我国地铁建设和车辆用钢已全部国产化，并出口到国外。2017 年末，我国内地有 56 个城市在建设城市轨道交通，在建线路长度 6246 千米。不久的将来，这些城市的居民也将享有便利的出行。

桥梁都是用大量的优质钢材搭建起来的。改革开放 40 年，我国共新建公路桥 51.4 万座，合计总长 4.8 万千米。如今，我国公路桥梁总量已超过 83.3 万座，总长度达到 5.2 万千米以上，其中特大桥梁 4257 座，大桥 86178 座。改革开放之初，长江上只有武汉、南京 2 座大桥，现在已有 216 座，其中公路桥 177 座。2017 年末，我国铁路桥梁总数超过 20 万座，最著名的京沪高铁南京大胜关大桥，其中钢梁结构用钢就达 8 万吨。这座大桥全长 9273 米，桥面布置为六线铁路，是世界上跨度最大、设计荷载最大的高速铁路桥。

桥梁工程的技术进步推动了我国桥梁用钢品种质量的不断创新，现在桥梁用钢已全部国产化。几年前，美国纽约韦拉札诺海峡大桥翻新改造，鞍钢就中标了全部桥梁用钢板。

民航事业发展也离不开钢铁业的发展。2011 年末，国内有民航机场 178 个，到 2017 年增加到 229 个，民航服务已覆盖全国 88.5%的地级市和 76.5%的县。北京新建的大兴国际机场，仅航站楼的钢筋用量就达 17.3 万吨，而穹顶是由 63400 根钢结构件焊接而成，总重量达到 5.5 万吨。

交通发展与汽车制造如影随形。2009 年我国汽车产量首次突破 1000 万辆大关时，进口钢材 1763 万吨；2017 年产量达到 2900 多万辆，我国成为世界第一汽车制造大国时，进口钢材下降到 1329 万吨。我们跃居世界最大汽车生产国，完全是依靠国产钢材品种、质量不断创新，供给量持续增长支撑起来的。

从内陆到海上，我国已成为世界第一造船大国、海洋工程平台第一制造大国、舰艇制造能力大国。据了解，核潜艇、航空母舰、导弹巡洋舰、深海探测器等都是用国产钢材制造的。

从百姓安居出行到提供保障的国防建设，都有中国钢铁坚强的身影。从 1949 年我国钢产量为 15.8 万吨，仅占世界钢产量的 0.1%，到 1996 年的 10200 万吨，中国钢铁业用 47 年时间跃居世界第一，从此持续飞速发展，到 2018 年产钢 9.28 亿吨，占世界钢产量 50%以上，成长壮大速度之快，成为世界钢铁史上的奇迹。中国钢铁业担当起了钢铁报国的重任，同时在绿色低碳、建设美丽中国的感召下，自身也实现质的飞跃。钢铁生产企业成倍投入环保资金，使国家级花园式工厂遍地开花，有的钢铁企业已向市民开放。钢铁工业旅游为百姓生活增加新的物质和精神享受，过去钢铁业“傻大黑粗”“脏乱差”的状况一去不复返了！

改革开放　强力推动

“在转变发展方式、优化经济结构、转换增长动力的攻关阶段，钢铁业有哪些途径能够实现高质量发展?”

吴溪淳：中国钢铁人筑起了中国钢铁长城，钢铁硬实力使中国人可上九天揽月，可下五洋捉鳖。我很庆幸自己亲身投入到钢铁报国的行列，见证钢铁为祖国发展建设做出的贡献，但多年来也为钢铁软实力不强而焦虑。我们是钢铁大国，还不是钢铁强国，钢铁工业结构优化、高质量发展的目标任务还没有完成。钢铁强国梦还在路上，我们必须看到差距，补足短板，继续担当实现中华民族复兴的重任。

依靠内需拉动，中国钢铁工业实现快速发展，强力支撑起中国经济腾飞，但从高速增长转向高质量发展的过程中，钢铁业积累下的矛盾和问题也显现出来，集中表现就是产业集中度低。这不仅制约自身的发展，也给国家造成不必要的浪费。钢铁工业发展的不平衡不充分体现在产业布局失衡上，华北和东北的过剩产品50%运往南方，华东和中南地区绝大多数钢厂在内陆，物流成本高，中小企业数量过多。

钢铁工业是高投资产业，重大的颠覆性、原始性科技创新投入大、研发周期长，客观上要求集中科技创新人才，集中财力物力，才能总体上实现以较少的投入获得较大的产出，才能在国际市场竞争上占据有利地位，而过度分散的产能直接造成技术创新、人力、财力分散，重复浪费大，整体创新能力不强。

钢铁强国是由钢铁强企构成的。没有足够多的钢铁强企，就不能确保实现钢铁强国。目前淘汰落后产能已取得初步成效，我们还要再接再厉，加快联合重组步伐，突破集中度40%左右的坎，超过50%、达到60%，真正实现全行业的绿色制造、高品质、低成本、提高全要素生产率，达到市场供求的动态平衡；产品价格脱离大起大落的轨道，行业经济效益总体稳定，产品由中低档向中高档迈进；企业通过科技创新、管理创新、联合重组、做优做强，国内外市场竞争力不断增强，获得国际钢铁市场的话语权。

与提高产业集中度同步，还要落实公平税负，继续强化构建公平竞争的市场环境。目前在环保方面，违法违规生产、少投入资金改造环保设备、投机性地减少环保运营成本造成的市场竞争不公平问题，经政府强力整治已经大见成效，环保方面的市场公平竞争环境正在形成。但培育公平竞争的市场环境，彻底解决“劣币驱逐良币”问题，真正通过市场竞争实现企业优胜劣汰，还有漫长的路要走，需要各方协调解决。

党的十九大报告提出，要完善各类国有资产管理体制，改革国有资本授权经营体制，加快国有经济布局优化、结构调整、战略性重组，促进国有资产保值增值，推动国有资本做强做优做大，有效防止国有资产流失。深化国有企业改革，发展混合所有制经济，培育具有全球竞争力的世界一流企业。党的十九大提出的目标要求是推动钢铁企业联合重组、提高产业集中度、实现钢铁业高质量发展的行动指南。

我们必须站在更高的层面认清提高产业集中度的意义。坚持以习近平新时代中国特色社会主义思想为指导，全面落实党的十九大精神，坚持创新、协调、绿色、开放、共享的五大发展理念，统筹规划，科学布局，分步实施。按照国家规划要求，确保到2025年，前10家钢铁企业的产量之和占全国总产量60%以上的目标按期实现。

建设强国　依靠群众

“中国钢铁发展之所以有今天，是一代一代工人群众和管理者用汗水、鲜血、生命换来的。您有什么心里话要对曾经一起奋斗过的战友和钢铁人表达的?”

吴溪淳：毫无疑问，中国已成为世界钢铁大国，这是在中国共产党领导下，数百万、几代钢铁人怀抱钢铁报国志、持续艰苦奋斗创造出来的。

站在新的历史起点上，要实现钢铁大国向钢铁强国的转变，为实现中华民族伟大复兴的中国梦做贡献，钢铁人仍要不忘初心，在党的领导下，依靠自己的智慧和力量来完成。

时代造英雄。中国钢铁企业在国家期盼中造就了一批时代精英，他们殚精竭虑，解放思想，大胆创新，勇于突破束缚企业改革发展的旧观念、旧机制。

周冠五、黎明、黄墨滨、刘汉章等一批企业家，他们作为改革先锋，引领时代潮流，带领职工分别创造出具有广泛影响的“首钢承包制”“宝钢现代化管理”“武钢质量效益型发展道路”“邯钢模拟市场核算，成本否决经验”等许多改革管理和自主创新的经验。他们的创举为国家钢铁事业腾飞插上了强劲翅膀。

在钢铁发展进程中，更造就了一大批先进模范人物，他们是一面面旗帜，走在钢铁队伍的最前列。“孟泰精神”所蕴含的“艰苦奋斗”“爱厂如家”精神，被誉为“为鞍钢谱写的一曲自力更生的凯歌”，至今为人传唱。“当代愚公”李双良，从太钢走出了一条“以渣养渣、以渣治渣、自我积累、自我发展、综合治理、变废为宝”的治渣新路子，他的首创不仅对中国钢企，对世界都产生了巨大影响。宝钢的曾乐以“自强与奉献”精神把中国焊接技术推向世界高水平，成为中国知识分子与工人结合的典范。鞍钢的郭明义被誉为“当代雷锋”“改革先锋”，他用“爱岗敬业，助人为乐”的行动唤起千百万人投入到学雷锋做好事的行列中，立足本职，奉献社会，传递正能量。“当代发明家”李超以“精益求精，刻苦钻研”的工匠精神，树立起新时代学习型、智能型、创新型钢铁人新形象。“时代楷模”——河钢集团塞尔维亚公司管理团队牢记习近平总书记重托，将河钢塞钢打造成“一带一路”建设样板工程，在异国他乡成功彰显了中国改革开放的巨大成就、国力的空前强大、钢铁工业的巨大进步……在祖国70年的奋进征程中，还有许许多多像他们一样默默无闻的英模，他们始终坚定钢铁报国的信念，锐意进取，舍小家顾国家，用智慧和汗水推动企业不断前行，为国家创造了物质财富，也为中国钢铁事业积累了宝贵的精神财富。他们凝聚起的精神高度，擎起了时代坐标，标注着“思”与“行”的价值取向。时代记录下他们的创举，后人不能忘。要充分发挥好时代楷模的示范引领作用，推进社会主义核心价值观扎根在每个钢铁人的心中，落实在每个钢铁人的行动上。建设钢铁大国的实践充分说明，群众是真正的英雄，建设钢铁强国必须树立以人民为中心的思想，必须依靠全体职工群众，高唱奋斗者之歌。

行稳致远　党建引领

“您对年轻一代有什么嘱托？”

吴溪淳：我们冶金企业有一个优良传统，就是一直坚持党对企业的领导，一直重视加强职工的思想政治工作。回看70年取得的成就，展望未来前景，我们仍要不忘初心、牢记使命。中央提出来的要求怎么落实，怎样才能“踏石留印，抓铁有痕”，必须让年轻人懂得，“两个维护”最重要。结合钢铁行业情况，过去“地条钢”达到几千万吨，打不掉，现在清除了，就是因为坚决贯彻党中央提出的“令行禁止”要求，使优秀钢铁企业发挥出积极作用。由此可见，“两个维护”多么重要！我们必须认真学习习近平新时代中国特色社会主义思想，增强政治意识、大局意识、核心意识、看齐意识，坚定道路自信、理论自信、制度自信、文化自信，维护习近平总书记党中央的核心、全党的核心地位，维护党中央权威和集中统一领导，这是保证全党团结统一、步调一致，全面建成小康社会、奋力夺取新时代中国特色社会主义伟大胜利的根本政治保证。只有大力营造风清气正的政治风气，在思想上解决问题，才能真正落实到行动中。

要让年轻人牢记我们的总目标、总任务，特别是要看到，到2035年，全体人民共同富裕迈出坚实步伐，中等收入群体比例明显提高，城乡区域发展差距和居民生活水平差距显著缩小，基本公共服务均等化基本实现，我国人民将享有更加幸福安康的生活。要强调这一点，使大家在共同富裕的道路上共同奋进。

要好好研究和总结各个企业的思想政治工作经验，透过新中国成立70年取得的看得见、摸得着的伟大成就，学习并宣传好中国优秀钢铁人为国家繁荣富强做出的巨大贡献，这是中国钢铁行业的一座精神丰碑。“80后、90后、00后”没有老一辈钢铁人的苦难经历，要让他们清楚地知道，是共产党领导下的钢铁人，为人民、为民族创造出丰富多彩的物质财富；要在青年中大力宣传钢铁人艰苦奋斗优良传统，让他们认真学习，传承下去，发扬光大，再接再厉。实现钢铁强国梦，一代人有一代人的使命，一代人也有一代人的担当。钢铁报国的初心，钢铁强国的夙愿，就是要在一代又一代有担当、勇于创新、敢于拼搏的钢铁人手中传递，并要永远传递下去，继续书写中国钢铁业为民族复兴、人民幸福砥砺前行的美好篇章。

习近平新时代中国特色社会主义思想是对马列主义、毛泽东思想、邓小平理论、“三个代表”重要思想、科学发展观的继承和发展，是实现中华民族伟大复兴的行动指南。我坚信，在以习近平同志为核心的党中央坚强领导下，中华民族伟大复兴的中国梦一定会实现！

（原刊于《中国冶金报》2019年8月21日1版、2版，姜兴宏　高永生　葛梅伟　陈少平　陈玉凤）

四、听陈德荣讲述中国的“钢铁故事”

70年前，毛主席在天安门城楼上向全世界庄严宣告中华人民共和国成立，标志着中华民族浴火重生，开启了民族复兴的伟大新征程。70年来，中国一跃成为全球第二大经济体，钢铁工业发挥了不可替代的作用。但是，这些年随着新经济的崛起，钢铁好像被人们所淡忘，甚至相当一部分人还停留在以前钢铁“傻大黑粗”的刻板印象里，把它视作传统、过剩和落后的代名词。其实非也，今日钢铁已非昨日钢铁。今天，中国钢铁企业，例如像中国宝武，列《财富》世界500强第149位，绝不是靠“傻大黑粗”就能达成的。

8月22日上午，由中央宣传部、中央和国家机关工委、中央军委政治工作部、北京市委联合主办，人民网、新华网、央视网承办的庆祝中华人民共和国成立70周年系列论坛第二场在北京举行。中国宝武党委书记、董事长陈德荣受邀出席，宣讲了70年来钢铁产业发展取得的成就、对国家发展做出的贡献，并分享了他对钢铁产业未来发展趋势的看法。

从站起来到强起来的飞跃

人和动物最大的区别就是人会制造和使用工具。工具从哪里来？就从材料来。人类的历史，除了可以用社会形态、生产关系等作表征以外，材料也是一个非常重要的表征手段。石器时代对应原始社会，青铜器时代对应奴隶社会，铁器时代对应封建社会和农耕文明，而钢铁就是近现代工业文明的脊梁。

19世纪中叶，刚刚完成工业革命的英国以区区几百万吨生铁占据了世界生铁产量的50%，稳居世界工业霸主地位。20世纪前半叶，美国以8000万吨钢占据全球钢产量的50%，成为世界第一强国。而百余年前的中国，积贫积弱，受尽了外国列强的欺凌，尽管洋务运动的先驱者立志“富国强兵”，在上海江南制造局建造炼钢厂、在武汉创办汉阳铁厂，奠定了近代民族钢铁工业的根基，但产量相当有限。抗战全面爆发前，中国的钢产量约55万吨，大半还是来自被日本占领的东北地区。国统区产量只有四五万吨，而同期的日本则为580万吨。因为钢铁的匮乏，当时中国的工业基础非常薄弱，无法大规模制造武器大炮和其他工业需要的母机车床，我们只能处于被动挨打的局面。这是我们中国钢铁人的“痛”，也是旧中国的“伤”。

新中国成立后，特别是改革开放以来，我国钢铁工业取得巨大发展，支撑中华民族迎来了从站起来到富起来、强起来的伟大飞跃。新中国成立初期百废待兴，全国的粗钢年产量不过15.8万吨，远不能满足国家建设、国防安全、工业发展的需要。当时毛主席说：“一个粮食，一个钢铁，有了这两个，我们就什么都不会怕了。”国家从“一五”计划起大兴钢铁工业，钢铁人积极响应，展现了特有的家国情怀和使命担当。1958年武钢投产，毛主席亲自去看高炉出铁。1978年12月23日，十一届三中全会闭幕的第二天，宝钢工程打桩。记得当年全国钢产量突破3000万吨时，在人民大会堂召开庆功大会。

一代代钢铁人在中国共产党的正确领导下不懈奋斗，使我国钢铁走出了紧缺的困境。1996年，我国的粗钢产量突破亿吨大关；2018年达到9.28亿吨，占据全球半壁江山，创造了世界钢铁史上从未有过的奇迹。尽管金融危机以来因种种原因，我国钢铁工业遭遇产能过剩，尤其是结构性失衡等问题，但如果没有钢铁，现在随处可见鳞次栉比的高楼大厦、纵横交错的高铁动车和四通八达的高速公路就无从谈起，我国造船工业也不可能在全球占到那么大的比重，航空母舰、导弹驱逐舰更是空中楼阁。中国综合国力提升和经济腾飞离不开钢铁，中华民族伟大复兴需要制造业的支撑，同样也离不开钢铁，这点无法否认。

时至今日，钢铁行业企业不仅通过产品为国家经济发展助力，而且通过绿色发展、智慧发展承担起更多的社会责任，为满足人民日益增长的美好生活需要而奋斗。经过70年的发展，今日之钢铁生产不再是汗流浃背、烟熏火燎。以中国宝武为例，我们坚持绿色、精品、智慧发展，是积极谋求转型发展的高科技企业。中国宝武今年钢铁产能要超过7000万吨，预计明后年将达到1亿吨的规模水平，力争成为全球第一，是一家名副其实的钢铁航母级企业。我们始终坚守着钢铁报国这样的初心使命，紧紧抓住科技革命的机遇，把自己定义为一家以钢铁业为主要价值载体的高科技企业。

坚持绿色制造。中国宝武按照“高于标准、优于城区、融入城市”的要求实行“三治四化”（“三治”即废气超低排放，源头管控和终端治理双管齐下；废水零排放，在试点示范基础上大力推行废水循环利用；固废不出厂，变废为宝，实现废弃物产品化利用。“四化”即洁化、绿化、美化、文化），使厂区绿地率基本上达到了百分之三四十以上，达到了花园工厂的要求。可以说每一个钢铁生产基地厂区的环境状况一点儿都不会比周边的城区差。

坚持精品化制造。中国宝武坚持实施前瞻性科技创新战略，既关注尖端产品实现差异化发展，又积极探索精品技术向普通产品的延伸和创效。其中，汽车板产量全球第三，硅钢产量全球第一。中国宝武自主研发的新一代汽车高强钢、取向电工钢、高等级家电用钢、油气管、桥梁用钢、热轧重轨等处于国际先进水平。

坚持智慧制造。中国宝武实行“四个一律”，跟过去大不一样。“四个一律”即操作室一律集中离开现场，实现了本质化安全；设备运维监测一律远程，与小米的5G未来可以很好结合；危险的、重复的、简单的操作岗位一律用机器人取代；服务环节一律上线，打造高效安全的智慧钢厂。

大家可能想象不到，今天广东湛江的高炉可以在上海远程操作，工人动动鼠标就可以炼钢，员工工作环境和企业智能化水平都得到了极大提升。“智慧制造+智慧服务”双轮驱动整个商业模式的创新，提升产业链全要素生产率。

钢铁强则制造强，制造强则国家强。中国宝武不忘初心、牢记使命，正全力以赴按照习总书记提出的“培育具有全球竞争力的世界一流企业”指示精神，以“成为全球钢铁业引领者”为愿景，放眼全球，开放合作，共建共享高质量的钢铁生态圈，推动产业升级，为人民幸福、民族复兴提供强有力的钢铁后盾。

钢铁不会被其他材料所替代

在与网民互动交流环节，针对网友提出的“现在科技飞速发展，很多新材料在不断演进，那么未来钢铁会被其他材料所替代吗”这一问题，陈德荣表示，这是不可能的事。因为人类使用钢铁已经有2000多年了，而且随着人类技术文明的发展，钢铁材料应用的领域不断扩大，使用量不断增长。

一方面，随着钢铁技术的发展，整个钢铁制造成本越来越低，所以过去用不起钢铁的领域，现在都开始大量使用钢铁。例如城市的高架桥，过去大多是用钢筋混凝土，现在慢慢都开始使用纯钢铁的钢结构。过去建筑层数并不是很高，使用混凝土居多，但是现在上百层甚至几百层的高楼，必须要用钢铁这个材料。

另一方面，钢铁材料本身的性能也在发生着巨大变化。例如今天的高强钢，已经是普通钢铁强度的七八倍，同时随着不锈钢以及更耐蚀、更漂亮的钢材新品种的出现，钢铁的使用领域会不断扩大。如今，钢铁除了作为结构性材料，也慢慢地向功能性材料转变。例如，中国宝武正在研究怎么把建筑用钢和光伏结合起来，因为现代建筑用能占到整个能耗的50%，所以未来它们则可能变成会发电、零能耗的建筑。当然，任何一个材料都有它的局限，比如钢铁再好也不可能去做计算机的芯片；还比如现代航天就要求材料更轻，从比重上说，这是钢铁无法克服的困难。所以，新材料的出现是人类文明进步的必然。我们认为新材料和钢铁材料各有所用，可发挥各自的特长，同时进行综合运用。所以，中国宝武也在大力开发生产新材料，我们把自己定位为是一家综合的材料解决方案的供应商，从而为人类文明的发展提供各种材料支撑。

未来应把握几个趋势

在回答网友所提的“咱们国家的制造业已经非常成熟了，那么放眼全球，未来钢铁行业将呈现什么样的格局”问题时，陈德荣指出，在全球钢铁发展史上，除了中国，还没有一个单一国家的钢产量超过2亿吨，今天欧盟、美国、日本这三大经济体加起来的钢铁产量也没有超过5亿吨。

陈德荣说，有这么几个趋势是要把握的：

第一，中国作为全球钢铁业老大的地位长期不会受到挑战，虽然中国的钢铁产业很大，但是它并不强。这主要表现在以下几点：一是我们整体的布局比较散，企业单体规模小，所以整个中国钢铁业的过度竞争仍处在一个比较低的水平。未来中国钢铁工业发展的趋势就是向大而强、大而优发展。因此，怎么根据国家战略、产业政策提高整个行业的产业集中度，孕育出一批效益、技术、产品性能等各方面都名列前茅的中国钢铁企业，是接下来需要考虑的。二是整个钢铁产业的布局会调整。比如过去钢铁都是和城市、原料布局关联，受制于物流成本等，但随着近年来中国城市化、现代化的发展，未来中国钢铁的产业空间布局将向沿海、沿江等物流条件比较好的地方转移。

第二，整个钢铁发展的方向应该是更加绿色、智能，产品性能也更加优异、精品化。

第三，大胆走出去，实现国际化。习近平总书记提出“一带一路”倡议，顺着总书记提出来的“一带一路”，大家就可以发现，在印度洋沿岸“一带一路”沿线有着一个人口规模达23亿——远比今天中国人口更加庞大的待发展区域。如果按照今天中国人均钢产量700千克来算，这个区域未来要发展起来，它的钢铁市场将有多么巨大的空间。因为“一带一路”沿线国家原有的工业基础比较薄弱，也为中国钢铁工业的国际化提供了巨大的机会。同时，我们觉得“一带一路”走出去首先是基础设施、基本建设走出去，而先行走出去的这些行业又是一个对钢铁高需求的产业。所以，中国的钢铁工业一定要按照国家提出来的“一带一路”倡议大胆地走出去，实现国际化。我想这可能就是未来中国钢铁工业发展的趋势。

（原刊于《中国冶金报》2019年8月28日1版，鲍　武）

五、牢记长子担当　做好钢铁工业高质量发展“排头兵”

——访鞍钢集团公司原党委书记、董事长姚林

“鞍钢作为‘共和国钢铁工业的长子’，始终牢记长子担当，做好钢铁工

业高质量发展‘排头兵’，引领钢铁行业未来发展。”9 月 7 日，鞍钢集团有限公司（以下简称鞍钢）党委书记、董事长姚林在由中国钢铁工业协会主办、中国冶金报社承办的钢铁行业庆祝中华人民共和国成立 70 周年座谈会上表示。

姚林指出，在党中央的坚强领导下，鞍钢实现了从废到兴、从小到大、从弱到强的历史性跨越，为国家经济建设和社会发展做出了突出贡献。70 年来，鞍钢累计生产铁 7.12 亿吨、钢 7.19 亿吨、钢材 5.95 亿吨，向国家上缴利税 2030 多亿元，为新中国钢铁工业崛起奠定了坚实基础。

新中国成立以后，鞍钢擎起中国钢铁工业半壁江山

姚林介绍，1948 年 12 月 26 日，鞍山钢铁公司成立。1949 年 7 月 9 日，鞍钢举行了盛大的开工典礼，新中国第一个大型钢铁联合企业在废墟上拔地而起。“一五”时期，全国瞩目的“三大工程”（大型轧钢厂、无缝钢管厂和七号高炉）胜利竣工。新中国第一根无缝钢管、第一根重轨、第一块汽车板、第一块桥梁钢板相继诞生。新中国成立初期，鞍钢钢产量占全国的一半以上。

20 世纪五六十年代，鞍钢涌现出“老英雄”孟泰、“走在时间前面的人”王崇伦等一大批劳动模范，形成了传承至今的鞍钢特色英模文化；创造了毛主席亲笔批示的“鞍钢宪法”，是新中国探索现代化工业道路的历史性成果；先后向全国输送各类人才 12.5 万名，援建 20 多家大型钢企，支援 13 个省市冶金工业建设，被誉为“中国钢铁工业的摇篮”。

改革开放以来，鞍钢成为老国企改革创新样板

1978 年 9 月 18 日，十一届三中全会召开前夕，邓小平同志第 5 次到鞍钢视察，发表了题为《用先进技术和管理方法改造企业》的重要讲话，为鞍钢指明发展方向。鞍钢工作重心转移到依靠技术进步，走自我改造、自我发展的道路上来。

姚林说，20 世纪 90 年代，在由计划经济向市场经济转轨过程中，鞍钢发展曾跌入谷底。“九五”以后，鞍钢坚决依靠自己的力量，大刀阔斧改革，连

续10余年开展“大讨论”活动，引导职工摒弃“等靠要”思想，树立市场经济观念；着力自主创新、集成创新、引进消化吸收再创新，走出了一条“高起点、少投入、快产出、高效益”的老企业技术改造新路，引领了中国新一轮钢铁装备、技术提升的新模式，江泽民同志称赞鞍钢“旧貌换新颜”；坚持“三改一加强”（改革、改造、改组和加强管理），率先实施精干主体、分离辅助改革，建立完善的现代企业制度，完成了从计划经济向市场经济的飞跃。2008年12月，胡锦涛同志视察鞍钢时指出：“鞍钢是中国钢铁企业的‘排头兵’。”

2010年，鞍钢与攀钢联合重组，成为产能近4000万吨的特大型钢铁集团。2012年起，鞍钢集团连续多年进入世界500强。

进入新时代，在创新、绿色、改革上下功夫

“鞍钢有决心有信心有能力，在习近平新时代中国特色社会主义思想的指引下，开辟出一条新时代钢铁企业高质量发展之路，助力‘两个一百年’奋斗目标实现。”姚林表示，要从创新发展、绿色发展、改革发展几个方面下功夫。

引领行业创新发展。鞍钢以成为行业技术领军者和高端产品全球首发者为目标，以国家科技重大专项、重大工程、军工重点型号及关键领域、“卡脖子”技术等为方向，以国家重点实验室、开放合作研发体系为创新和人才高地，服务好国家战略，巩固提升军工用钢、海洋工程和造船用钢、核电用钢、汽车用钢、高铁用钢、桥梁用钢、钒钛产品等的国际领先地位，挺起大国重器的钢铁脊梁。鞍钢将创新作为产业发展的基点，转方式调结构，加快产业转型升级；推动互联网、大数据、人工智能与产业深度融合，形成数字化车间、智能工厂、智慧公司的发展格局，探索建立行业领先的钢铁工业互联网平台，打造智慧制造的典范。

引领行业绿色发展。鞍钢推进资源全面节约和循环利用，开发先进高效的节能技术，在构建绿色产业链体系上发挥主导作用；坚持全员共治、源头防治，全面推进超低排放改造，助力打好污染防治攻坚战，打造备受尊敬的企业公民，为建设美丽中国发挥更大作用。

引领行业改革发展。按照党的十九大“经济体制改革必须以完善产权制

度和要素市场化配置为重点”要求，鞍钢以综合改革试点为统领，坚持市场化改革方向，全面落实市场主体地位。在集团层面，鞍钢以打造国有资本投资公司为方向，推动向管资本转变；在子企业层面，推进混合所有制改革、选聘职业经理人试点等，形成自主经营、自负盈亏、自担风险、自我约束、自我发展的独立市场主体。在改革发展实践的基础上，传承鞍钢优秀文化，打造新时代“鞍钢宪法”，为国企改革发展贡献鞍钢智慧。

（原刊于《中国冶金报》2019 年 9 月 12 日 1 版，记者　何惠平）

六、于勇：钢铁将为人类创造更加美好的生活

“70 年来，在新中国从站起来、富起来到强起来的伟大进程中，钢铁工业始终以‘钢铁报国’的使命情怀，创造了世界钢铁史上最辉煌、最壮丽的成就，为共和国的伟大复兴发挥了‘钢铁脊梁’的强大支撑作用。进入新时代，面对新的历史机遇，我们必将重新踏上征程，迎接新的挑战，创造更加美好的未来。”9 月 7 日，世界钢协候任会长，河钢集团党委书记、董事长于勇在由中国钢铁工业协会主办、中国冶金报社承办的钢铁行业庆祝中华人民共和国成立 70 周年座谈会上，回顾了中国钢铁工业辉煌的发展历程，并对钢铁工业的美好未来进行了展望。

中国将在较长时间内主导世界钢铁工业

于勇对中国钢铁工业在世界钢铁工业中的地位及所处的发展阶段进行了简要阐述。

一是世界钢铁发展的重心已经转向中国。

于勇指出，纵观 160 多年世界钢铁工业的发展历程，全球格局不断调整，生产和消费重心几经转移，先后从英国、美国转移到苏联、日本，现在已经进入“中国时代”。我国钢产量从 1996 年突破 1 亿吨开始，连续 23 年保持世界第一，尤其是近 10 年来，基本占据了世界钢铁总产量的半壁江山。据世界钢铁协会统计，美国曾经保持世界钢铁生产和消费主导地位长达 81 年。从我

国作为世界第二大经济体的稳健发展态势，以及人口基数、市场容量和经济发展阶段来看，中国主导世界钢铁工业的时间必将更长（不会少于美国）。

二是中国钢铁已经成为中国乃至世界经济发展的重要推动力量。

于勇表示，我国经济长期稳健增长，为钢铁工业快速发展及世界钢铁消费增长创造了强大动力。据世界钢铁协会统计，2017 年，中国钢材消费增量占全球钢材消费增量的 79.8%，除直接出口外，以机电产品和装备制造产业为代表的间接出口，极大提振了进口国家和地区的钢材消费，为世界经济发展做出了重要贡献。此外，我国钢铁产业的稳步发展拉动了全球原燃料消费，并积极影响了全球相关产业发展。

三是中国钢铁当前面临的困难和压力，也是发达国家钢铁工业的经历与过往。

于勇认为，1945 年第二次世界大战结束以来世界钢铁工业的发展史对我国钢铁工业发展极具参考价值。这 70 多年的发展历程可划分为 4 个阶段：战后重建和经济繁荣黄金期，发达国家钢铁工业结构调整期，中国钢铁工业黄金十年期，中国钢铁需求峰值平台期。钢铁产业进入峰值平台期，往往要承受产能过剩、区位布局优化和环保压力等重重挑战。这些都能从发达国家的发展历程中得到印证。中国钢铁工业要保持较长时期的平稳发展，必须从发达国家钢铁工业的发展历程中吸取经验，主动实施转型升级，特别是深化供给侧结构性改革，向全球价值链中高端迈进。

中国钢铁工业未来的 4 个发展方向

“展望未来，中国钢铁工业将加速向‘绿色、材料、智能、全球化’迈进，必将长期引领世界钢铁工业的发展，必将为人类创造更加美好的生活。”于勇对中国钢铁的未来信心满满，并点明了 4 个发展方向。

一是中国钢铁工业要树立强烈的绿色发展理念。

于勇指出，坚持绿色发展是我国钢铁工业健康发展的根本，也是我们钢铁工业改变在全社会广受质疑状况的根本。当前由于我国的钢铁产能基数较大，环保水平不均衡，无论是在国外还是在国内，都面临极大的环保挑战和关注，许多企业的发展因此遇到了瓶颈。但他坚信，我国钢铁工业在绿色发展方面积累了很多经验，形成了专有技术，只要下决心，就能实现绿色发展。

二是中国钢铁工业要高度关注由钢铁向材料、由材料向技术的转变。

于勇指出，发达经济体的钢铁企业，除了实现了较好的产业链延伸，也将钢铁产品延伸到了下道工序的半成品和零部件。更重要的是，这些零部件已经成为专有技术的载体。我国钢铁工业应灵活运用好钢铁零部件这个载体，向下道工序出售专有技术。

三是高度关注工业互联网和5G技术在钢铁未来发展中的应用。

“我国钢铁工业目前和世界经济发达地区钢铁工业的一个明显区别是，我们在进一步追求产线的大型化和规模化，而发达国家已经完成了生产线的去规模化，遵循的是产线多元、小众、定制的生产模式。”于勇认为，5G是解决连续生产和不同规模定制问题的最好手段。我国钢铁工业要想解决装备大型化、产线规模化与未来客户的多元和定制需求问题，必须依靠5G技术。

四是以钢铁全球化增强协同发展优势。

于勇指出，经济全球化决定了钢铁产业全球化发展方向。从“资源整合配置和贴近市场”的角度来看，加快推进国外、国内协同发展是大势所趋。

于勇表示：“70年来，中国钢铁工业走过了一条曲折而辉煌的奋斗之路，取得了举世瞩目的发展成就，为我国经济社会发展做出了突出贡献。新时代、新钢铁、新征程，只要我们坚定地以习近平新时代中国特色社会主义思想为指导，树牢‘四个意识’，坚定‘四个自信’，做到‘两个维护’，团结奋进，开拓创新，中国钢铁工业必将在实现‘两个一百年’奋斗目标、实现中华民族伟大复兴的历史进程中，挺起‘钢铁脊梁’、展现新的作为！中国钢铁工业的明天必将更加美好！”

（原刊于《中国冶金报》2019年9月13日1版，记者　张　鹰）

七、沈彬：书写好沙钢新的华彩篇章

“围绕‘百年沙钢梦’和‘复兴中国梦’的伟大梦想，我们将在高质量发展的道路上，继续奋斗，砥砺前行，力争为祖国的复兴强盛继续书写好属于沙钢的新的华彩篇章！”9月7日，在由中国钢铁工业协会主办、中国冶金报社承办的钢铁行业庆祝中华人民共和国成立70周年座谈会上，沙钢集团党委书记、董事局常务执行董事、有限公司董事长沈彬在发言中说。

与共和国一道成长

沈彬表示，70年来，新中国发生了翻天覆地的变化，钢铁作为基础性材料行业，为新中国的脱胎换骨、飞速发展立下了汗马功劳。在新中国迈向现代化征程的道路上，钢铁工业可以说是最具代表性、最有说服力的，是见证者，更是贡献者。沙钢作为钢铁行业的一员，自1975年建厂，至今已近45年，如果加上沙钢的前身——轧花厂的历史，明年沙钢也将迎来第70个春秋。可以说，沙钢是与共和国一道成长起来的。

沈彬介绍，建厂初期，沙钢选择生产技术复杂系数高、大厂不愿干、小厂又干不了的窗框钢，使其成为拳头产品。到1993年，沙钢已成为系列最全、规格最多、产品最新的全国最大窗框钢生产基地，市场占有率超过70%，积累了“第一桶金”。随后，通过沙钢人的不懈努力和创新，沙钢从一个名不见经传的小轧钢厂发展成为年产钢能力超4000万吨的全国最大民营钢铁企业。今天，沙钢已跻身全球前十大钢企行列，成为集现代化、多元化、国际化于一体的世界500强企业，其中沙钢本部现为全球单体规模最大的钢铁企业、最大的电炉钢生产基地，也是国家创新型企业。

艰苦奋斗　勇立潮头

沙钢的成功离不开沙钢人的奋斗和拼搏。沈彬表示，沙钢的发展建设史，是一部艰苦创业、艰苦奋斗的创业史，是一部勇立潮头、勇于探索的创新史，是一部顽强拼搏、追求卓越的奋斗史，同样也是一部与行业同沐风雨、共铸辉煌的奋进史。

沈彬举例说，初建起来的沙钢，还只是长江芦苇滩上一个十分简陋的作坊式小厂，占地面积只有20来亩，员工总数只有80余人，生产条件十分落后。当时沙钢所在的张家港市锦丰镇还没有通高压电，沙钢人就从上海废旧公司买来船用柴油机发电；初办轧钢，没有技术，以董事局主席沈文荣为首的一帮工友到外地轧钢厂拜师学艺，为了多学技术，每天上班16个小时；轧钢没有坯料，沙钢人就到造船厂买边角余料，到大钢厂买冷条盘圆，人工矫直后作为轧钢原料；加热炉是灶式炉，轧机工操作是一把钩子、一副钳子，人工喂料，生产水平低下，一年轧材产量只有1620吨，还抵不上现在一个棒材车间一天的产量；厂内物资运送，码头装卸都是肩扛拖拉，工具是一只箩筐、一根扁担、一对畚箕、一部板车。创业初期的沙钢人穷办苦干，历尽了千辛万苦。

1998年底，沙钢提出“通过科技创新手段的技术改造，三年再造一个新沙钢”，在热火朝天的沙钢工地上，一大批设计院的设计师们和承包单位的施工队伍放弃了春节休假，和家属们在沙钢度过了难忘的春节。也正是有了他们的奉献和支持，沙钢仅用两年时间就实现钢产量翻番达到320万吨，并拥有了全新的设备、全新的技术工艺流程（六全工艺、一火成材等）和全新的产品档次。

沈彬表示，这些都是沙钢人艰苦奋斗、勇立潮头的典型案例，是他们成就了今天的沙钢。

同舟共济　共创未来

沈彬指出，当前，我们面临外在技术革新浪潮的强烈冲击和内在转型提档升级的迫切需求。

他表示，面对压力和挑战，作为新一代企业负责人，唯有不忘初心、牢记使命，投身实业，才能走好正确的发展道路；唯有传承发扬好企业精神，坚持踏实奋斗，勇于创新实践，才能打造企业新实力，占领市场新高地；唯有做精做强钢铁主业，加速推动核心技术突破，追求更高质量的发展，才能实现钢铁强国梦。

（原刊于《中国冶金报》2019年9月12日1版，记者　刘经纬）

八、新中国炼铁工业70年发展回顾与展望

我国是世界上冶铁技术发展最早的国家之一，但几千年封建统治和百余年帝国主义侵略，使得我国炼铁工业相比西方发达国家长期滞后。而新中国成立70年来，随着国家的繁荣昌盛和社会经济的发展，我国炼铁工业取得了巨大的进展和成就。

中国炼铁工业70年变迁

根据新中国成立70年来生铁产量的变化（见图1），结合社会和经济的发展，可将我国炼铁工业大体分为4个阶段：奠定基础阶段（1949~1978年）、引进学习阶段（1978~2000年）、自主开发阶段（2000~2013年）、绿色创新阶段（2013年至今）。各个阶段生产技术水平的变化，可以通过高炉炼铁的焦比、利用系数以及入炉原料品位的变化反映出来。具体如下：

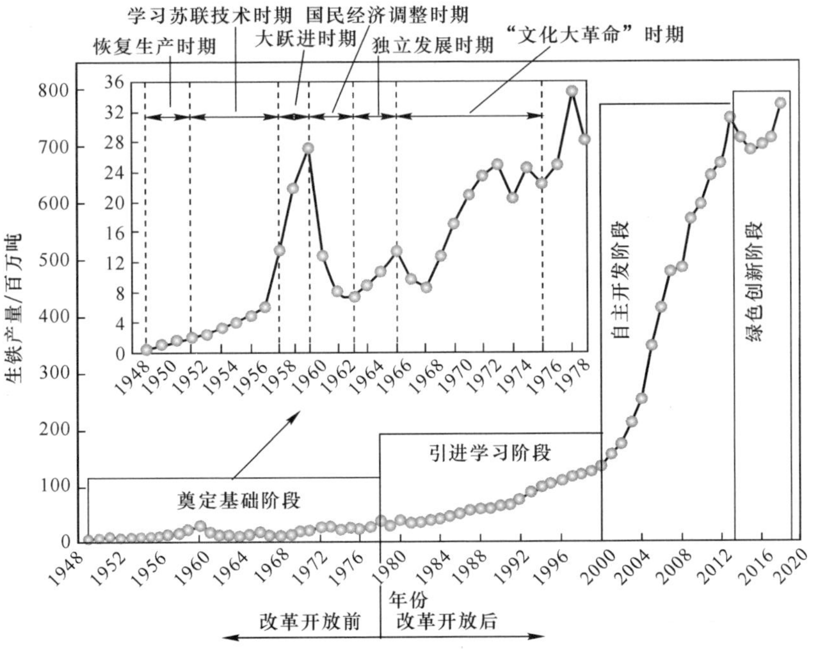

图1　中国炼铁工业70年来的发展阶段和时期及其对应产量变化

奠定基础阶段的显著特征是艰苦奋斗。新中国成立初期，百废待兴，中国的生铁产量每年只有约 25 万吨。在 1978 年改革开放之前的这一阶段，随着社会经济的发展，主要经历了 6 个时期：恢复生产时期（1949~1952 年）、学习前苏联时期（1952~1958 年）、“大跃进”时期（1958~1960 年）、国民经济调整时期（1960~1963 年）、独立发展时期（1963~1966 年）、“文化大革命”时期（1966~1976 年）。中国炼铁工业的发展在这 6 个时期里均留下了深刻的时代烙印。

其中，鞍钢 7 号高炉重建投产是炼铁工业恢复生产时期的一个重要标志。当时，在落后的装备条件下，鞍钢努力保持高炉顺行，其焦比接近 1000 千克/吨铁，利用系数只有 1.0 吨/(立方米·日)（见图 2）。从第一个五年计划开始，新中国钢铁工业全面向苏联学习，高炉炼铁水平明显提高。1953 年，中国科学院和冶金工业部联合十几个研究单位对包头铁矿的综合利用进行了全面研究，成功解决了复杂矿综合利用问题。学习苏联时期高炉燃料比降到 713 千

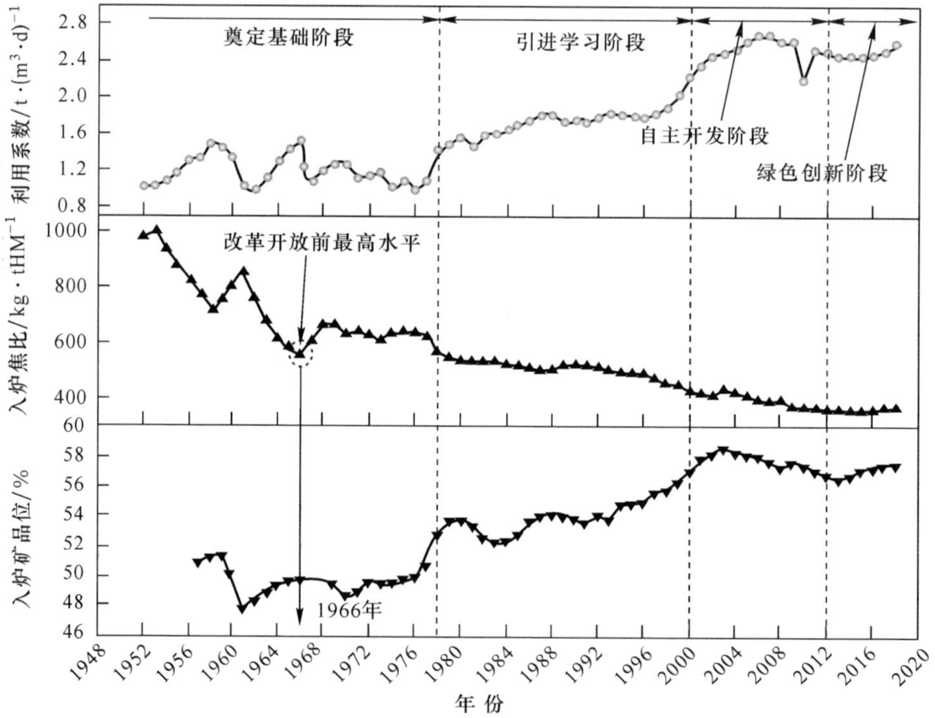

图 2　中国炼铁工业各个历史发展阶段对应的高炉利用系数、入炉焦比以及入炉品位变化

克/吨铁，利用系数提高到1.49吨/(立方米·日)，高炉入炉品位也保持上升趋势。1958年开始的“大跃进”，炼铁工业发展势头迅猛，但是焦比明显增加，利用系数和入炉品位有所降低。1961年，我国开始对国民经济进行调整，相当多的炼铁企业停产减产，产量从1960年的2716万吨降到1963年的741万吨。1963年，国民经济调整期结束，随即进入短暂的独立发展时期。在这一时期，我国炼铁技术取得了明显进步。1965年，在大量试验研究的基础上，我国成功解决了攀枝花钒钛磁铁矿的高炉冶炼问题。1966年，高炉技术经济指标达到了自新中国成立以来的最好水平，重点企业的焦比降至558千克/吨铁（见图2)，当时仅次于日本，居世界第二位；喷吹煤粉的一些高炉焦比甚至降至400千克/吨铁左右，达到当时的国际领先水平。但是，1966年开始的“文化大革命”，结束了炼铁工业的大好形势，尽管产量略有增长，但总体来讲，这一时期中国钢铁生产起伏不定，形成了钢铁工业“十年徘徊”的局面。

引进学习阶段的显著特征是改革和开放。1978年，党的十一届三中全会开启了改革开放的新征程。中国陆续引进了日本和欧美的当代先进炼铁工艺技术。1985年建成投产的宝钢1号高炉是中国炼铁进入学习国外先进技术阶段的重要标志。宝钢一期工程的原料场、烧结、焦化、高炉以日本新日铁君津、大分等厂为样板，成套引进，国产化率只有12%；二期工程由国内设计，设备以国产设备为主，国产化率达到85%以上，于1991年建成投产；三期工程在1994年前后陆续建成投产。此外，1991年建成投产的武钢新3号高炉(3200立方米，现称5号高炉）是20世纪80年代中国炼铁学习国外先进技术的另一个案例，从第一代生产实践来看，高炉实现了设计目标，一代炉役寿命达到15年零8个月。

通过不断引进和学习国外先进技术，中国炼铁工业在此阶段的产量保持稳定增长，从1978年的3479万吨增加到2000年的1.31亿吨，与此对应的焦比从1978年的562千克/吨铁降低到2000年的429千克/吨铁，高炉利用系数从1.43吨/(立方米·日）增加到2.22吨/(立方米·日)。这一时期的积累为中国炼铁工业进入21世纪后的高速发展打下了坚实的基础。

自主开发阶段的显著特征是开拓进取。进入21世纪后，中国炼铁工业进入自主开发阶段，炼铁技术装备的大型化和现代化是这一时期炼铁工业发展的特点，各个方面也都取得了很大进步，比如原燃料质量得到改善、高炉操作技术不断进步、高炉寿命延长等。在此阶段，中国经济腾飞对钢铁的需求不断增加，2000~2013年中国生铁产量快速增长，除了受金融危机影响的2005~2009年，这一阶段生铁产量以每两年增长1亿吨的速度发展，并于2009年在世界生铁产量中占比达到57%，此后我国便一直占据世界生铁产量的半壁江山。

在此期间，我国建设了首钢京唐5500立方米高炉、沙钢5800立方米高炉，以及鞍钢鲅鱼圈等企业的十几座4000立方米级的大型高炉，建设了首钢京唐550平方米、太钢660平方米等大型烧结机，很多大型装备达到了国际先进水平。首钢京唐1号高炉于2009年5月21日投产，2号高炉于2010年6月26日投产。这两座5500立方米高炉的主要技术经济指标按照国际先进水平设计：利用系数为2.3吨/(立方米·日)，焦比为290千克/吨铁，煤比为200千克/吨，燃料比为490千克/吨，风温为1300摄氏度，煤气含尘量为5毫克/立方米，一代炉役寿命为25年等。首钢京唐两座高炉投产以来的生产实践表明，中国炼铁技术自主创新和集成创新取得了重大进展。

绿色创新阶段的显著特征是转型升级和高质量发展。2013年后，中国炼铁工业由高速增长阶段转向绿色创新阶段，生铁产量开始略微降低，产量稳定在7亿吨左右。伴随着国家经济结构和产业结构的转型升级，炼铁工业面临资源、环保和结构调整的多重压力，开始呈现减量化创新发展的态势。注重高质量和绿色环保是这一阶段炼铁工业发展的特点。具有代表性的进展是宝钢湛江两座5050立方米高炉的投产。湛江钢铁1号高炉和2号高炉分别于2015年9月25日和2016年7月15日顺利投产。湛江钢铁高炉设计贯彻高效、优质、低耗、长寿、环保的技术方针，采用多项先进工艺技术及装备。此外，山钢日照的2座5100立方米高炉分别于2017年12月和2019年1月顺利投产。

这一阶段，中国在绿色炼铁新工艺，特别是熔融还原和直接还原方面也迈出了新的步伐。宝武集团八钢欧冶1号炉于2015年6月18日正式点火投产，其原型是2012年宝钢罗泾的Corex-3000炼铁炉，设计年产铁水150万吨，是目前全球最大最先进的熔融还原炼铁炉。此外，山东墨龙石油机械公司引进消化了澳大利亚力拓的HIsmelt技术，于2016年6月开炉成功，首次实现了HIsmelt连续工业化出铁，采用粉煤和粉矿直接冶炼出生铁，取得了一系列的技术进步。2013年5月，山西中晋太行矿业公司与伊朗MME公司在太原签约，引进并消化先进的“直接还原铁”工艺技术和设备（自主命名为CSDRI），计划年产30万吨，该工艺于2019年底投产，这将是国内第一次用焦炉煤气改质生产直接还原铁。

当前中国炼铁工业面临的挑战

尽管各种绿色炼铁新工艺不断发展，但在可以预计的将来，炼铁工业仍将以焦化—烧结/球团—高炉为主。以焦化—烧结—高炉为主的炼铁流程的污染物排放，大约占到钢铁流程总排放量的90%，能耗占钢铁生产总能耗的60%以上，生产成本占到钢铁生产总成本的70%左右。另外，炼铁系统还面临着消耗大量资源的压力。

绿色环保已成为炼铁工艺发展的首要标准。党的十九大报告指出，必须树立和践行“绿水青山就是金山银山”的理念，国家围绕“美丽中国”建设提出了一系列政策，环保已经成为钢铁行业绕不开的问题。另外，钢铁工业对国民经济增长贡献逐年降低（当前钢铁工业GDP增加值占全国工业总产值增加值的3%左右），而污染物排放在工业总污染物中占比较高（SO_2占12.8%，NO_x占6.5%，烟粉尘占17.7%），中央和地方政府近年来加大了环保治理力度，倒逼钢铁工业必须减量发展和高质量发展。

2018年6月，国务院发布实施《打赢蓝天保卫战三年行动计划》，提出经过3年努力，大幅减少主要大气污染物排放总量，协同减少温室气体排放。生态环境部会同有关部委于2019年4月发布了《关于推进实施钢铁行业超低排放的意见》，明确要求烧结机机头、球团焙烧的烟气颗粒物、二氧化硫、氮氧化物排放浓度小时均值分别不高于10毫克/立方米、35毫克/立方米、50毫克/立方米，达到超低排放的钢铁企业每月至少95%以上时段小时均值排放浓度满足上述要求。这说明绿色环保势在必行。

炼铁工业可持续发展面临资源、能源的挑战。从炼铁系统消耗的资源来看，我国铁矿石储量大、品位低，还得进口铁矿石来弥补供需缺口。2010~2017年我国进口铁矿石量逐年增长，其所占国内铁矿石消耗总量比例从64%增加到89%，其中2015年国内铁矿石对外依存度首次突破80%，达到了83%。然而我国作为世界第一大铁矿石进口国，依然未能掌握铁矿石的国际定价权。2019 年 1 月，巴西淡水河谷发生溃坝事故，再加上澳大利亚极端天气的叠加影响，国际铁矿石供应量下滑，价格大幅上涨到近 120 美元/吨，致我国钢铁企业效益下降 20%以上，保守估计我国将因此损失 300 亿美元以上。

此外，当前占据主导地位的高炉流程必须依赖优质焦煤生产优质焦炭，但我国焦煤储量仅占煤炭储量的 10%，而主焦煤仅占整个煤种的 2. 4%，中国焦煤的消耗速度大大高于其他煤种的消耗速度。《打赢蓝天保卫战三年行动计划》要求重点区域加大独立焦化企业淘汰力度，京津冀及周边地区实施“以钢定焦”，力争 2020 年炼焦产能与钢铁产能比达到 40%左右。这不仅会导致焦炭成本上升，而且会从根本上淘汰落后高炉。

展望中国炼铁工业

新一代炼铁技术必须以低碳绿色为前提。

目前，地球大气层中 CO_2 含量过高而导致的全球变暖问题已受到世界广泛关注，当前大气中 CO_2 含量已突破 400ppm（$1ppm = 1\times10^{-6}$），并呈逐年上升趋势。钢铁行业的 CO_2 年排放量占全球排放总量的 6. 7%，其中炼铁系统排放占据钢铁全流程总排放的 70%左右。2018 年我国钢铁工业的 CO_2 直接排放量达 19. 5 亿吨，约占我国 CO_2 排放总量的 34%，仅次于电力行业。中国炼铁工业面临着节能减排的重要挑战，而传统炼铁流程的 CO_2 减排几乎已到极限。世界各国正在逐步开展各项全新的低碳炼铁新工艺以降低 CO_2 排放，中国钢铁行业近年来也加快了低碳炼铁和氢冶金项目的研发和试验。

2017 年 12 月，中国碳排放交易体系正式启动，钢铁工业是碳交易市场的主要目标和核心参与者。在可预见的将来，碳排放将成为环保之后决定企业生死存亡并倒逼钢铁企业发展低碳炼铁技术的新挑战。2019 年 1 月，宝武集团率先行动，与中核集团、清华大学签订《核能—制氢—冶金耦合技术战略合作框架协议》，其核心就是用核能制氢，再用氢为炼铁工序提供清洁能源和清洁还原剂。2019 年 3 月，河钢集团与中国工程院战略咨询中心、中国钢研、东北大学联合组建了氢能技术与产业创新中心，围绕焦炉煤气制氢、储氢运氢材料、燃料电池汽车、富氢冶金技术等领域，加快技术研发与储备。此外，建龙集团也于 2019 年在内蒙古乌海启动了非高炉绿色炼铁新工艺的研发与中试工作，初步投资 5 亿元。

资源和能源循环利用是新一代炼铁技术的基本特征。

炼铁工业当前所依赖的资源和能源均不可再生，循环利用是保障炼铁工业资源和能源可持续发展的根本途径。未来的钢铁厂应该是具有“优质钢材生产线—高效率能源转化器—社会废弃物消纳装置”3 个功能的新型流程工业，这一理念的核心在炼铁工序。作为钢铁生产能耗最大的环节，炼铁系统在耗能的过程中产生大量的二次能源，如各种烟气和高温熔渣，其中中国每年高炉渣产量约 2.68 亿吨，其大量显热目前还未充分利用。如何高效地循环利用各种二次能源，并最大限度地降低过程能耗，是未来炼铁工艺可持续发展必须解决的问题。

作为物料消耗最大的过程工序，未来炼铁工业除了循环利用钢铁厂二次产生的各种资源（粉尘、炉渣等）之外，还要承担转移、消纳、处理社会废弃物的责任，如社会的废塑料、废轮胎，处理社区废水、处理垃圾等。炼铁工业要自觉融入社会，推进行业间的循环经济、资源、能源的生态化链接，促进社会能源、资源的高效利用。

智能制造描绘未来炼铁工业的灿烂前景。

随着德国提出“工业 4.0”，全球开始了以高度数字化、网络化、机器自组织为标志的第四次工业革命，掀起了一场全面提升制造业、迎接新一轮产业革命的浪潮。党的十九大报告指出，必须加快发展先进制造业，推动互联网、大数据、人工智能和实体经济的深度融合，支持传统产业优化升级。2019 年 6 月，工信部正式发放 5G 商用牌照，标志着我国正式进入 5G 商用元年。一批钢铁及相关企业先行，在人工智能、物联网和大数据等方面进行了有力的探索和实践。

炼铁工业作为钢铁生产资源、能耗和成本的关键工序，要在未来的技术升级过程中，充分整合炼铁各工艺单元的自动化及信息化系统，搭建炼铁智能制造的大数据云平台，建立大数据相关性分析、技术与知识模型，实现铁前系统智能决策与预警，为实现炼铁生产的智能制造迈出重要步伐。

中国炼铁工作者通过 70 年的不断努力，已经成功进入世界炼铁工业先进行列。随着历史车轮不断前进，社会和自然的不断演变，人类对美好生活的追求与有限的自然资源及环境容量之间的矛盾不断加剧，在经济形势存在诸多不确定因素的情况下，中国炼铁工业面对环境和资源的挑战，坚持可持续发展道路，还有待广大科研人员、工程技术工作者和企业管理者的不断努力奋斗。科研人员要扎根基础理论和应用研究，在学术理论和工艺原理上取得突破；工程技术工作者要登高望远，勇于打破传统，实现前沿理论和技术的工业化；企业管理者要在复杂多变的国内外政治和经济形势中确定高效的企业管理运营机制，保障新技术的持续推进。在广大炼铁工作者的协同努力下，中国炼铁工业必将迎来更加灿烂辉煌的前景。

（原刊于《中国冶金报》2019 年 9 月 4 日 1 版，作者　杨天钧　张建良　刘征建　李克江，单位为北京科技大学）

九、再接再厉

——刘浏谈实现超纯净钢高效低成本生产

今后钢铁材料发展的总趋势是实现钢材超纯净、高均匀和组织精细控制。20 世纪国际钢铁工业发展的重点是突破化学反应极限生产各种超纯净钢，21 世纪的发展总趋势是实现超纯净钢高效、低成本稳定生产。

我生于 1951 年，基本与新中国同龄。生在新社会，长在红旗下，与大多数同时代的人一样，经历过“大炼钢铁”和三年自然灾害，参加过“文化大革命”和上山下乡，投身于 40 年的改革开放，与新中国一同成长。

1973 年，作为工农兵学员，我被选送到北京钢铁学院（现北京科技大学）炼钢专业学习，从此与钢铁工业结下不解之缘，经历了我国钢铁工业的发展与繁荣，并为此奋斗了一生。在 46 年钢铁生涯中，我经历了钢铁工业三次重大的技术跨越。

国内钢铁工业的三次技术跨越

第一次跨越是建立现代化钢铁流程。

大学刚毕业时，我接触到的钢铁工业是大平炉、小转炉和小电炉，铸锭、沸腾钢、镇静钢以及粗轧开坯。在读研究生时，最让我兴奋的事就是听别人介绍国外钢铁技术与装备的发展——大高炉、大转炉、真空处理、连铸、连轧等，好像大梦初醒，发现世界完全改变了。后来宝钢建成，我第一次全面了解到什么是“现代化钢铁流程”，并参与了“转炉复合吹炼”“铁水预处理工艺开发”等研究项目。从宝钢建成至今，我国钢铁工业全面建成了现代化钢铁流程，不仅淘汰了平炉，也淘汰了大部分100吨以下的小型转炉和电炉、1000立方米以下的高炉，实现了生产设备大型化；研发并掌握了全连铸工艺，炉外精炼和铁水脱硫预处理技术，自主设计制造并全面掌握了连轧与铸坯热送工艺，建设了多条薄板坯连铸连轧生产线，实现了全流程生产连续化、管理精细化和产品高质量。在此基础上，我国钢铁工业建立起钢铁全流程的信息管理系统、智能控制系统和以市场为中心的决策运营系统。

第二次跨越是建立完善的钢铁产品体系。

我参加工作之初，国内尚未建立起完善的钢铁产品体系，产品档次不高，质量较差，大多数钢厂以生产低档建筑钢材为主。这些低档钢材被戏称为“面条（线材）、麻花（螺纹钢）、裤腰带（窄带钢）”。随着我国钢铁工业日益现代化，产品质量不断提升，新产品层出不穷，逐渐完善了国内钢铁产品体系。20世纪90年代后期，国家立项开发高速重载钢轨。铁道部领导明确指出，建设国内高速铁路网绝不可能依赖进口，因为无法解决运输问题（当时国际上只有2只货船可运输50米长钢轨），必须依靠国内自力更生，自主解决。在国家科技计划的支撑下，短短几年，我国就自主制定了国际最先进的高速钢轨技术标准，引进建设4条（攀钢、包钢、武钢和鞍钢）100米长钢轨轧制线，开展各种生产工艺和质量攻关，使高速钢轨在产品质量和产量上满足国内高速铁路的发展需要，并实现大量出口，到今天已支持“一带一路”的发展。汽车用钢也同样从零起步，建立起完善的产品体系。目前，以宝钢为代表的钢企生产的汽车钢，质量和品种均达到国际一流水平。我国不锈钢、电工钢、特殊钢等高端产品，产量已居世界第一位，质量和品种也达到国际先进水平。

第三次跨越是建立起节能环保的绿色化钢铁流程。

伴随着国内钢铁工业的现代化建设，新产品开发和产品质量的提升，国内钢铁企业的市场竞争力大幅提高，但也造成环境的严重污染。21世纪初期，国内钢铁工业的吨钢综合能耗高达 700 千克标准煤，远高于国际先进水平（550 千克标准煤）；吨钢水耗超过 10 吨（国际先进水平仅为 3 吨）。针对这一情况，以徐匡迪院士为代表的一大批学者，提出了“可循环钢铁流程”的理念，推动绿色化钢铁工业的发展。首先，是在全国范围开展“三干一利用”的推广普及工作，重点推广高炉、转炉煤气干法除尘和高炉煤气余压发电 3 项节能环保新技术，实现“负能炼钢”，降低能耗。其次，是实现全流程节能减排，建设花园式钢铁企业，目前正在积极推进钢铁企业超低排放政策和工艺技术的落实。现在，与国外或 10 年前国内钢铁企业相比，大多数钢铁企业生产流程先进，技术装备水平达到国际一流，而且设计规范，布局紧凑，物流合理，环境优美，成为花园式工厂，各项能耗、环境指标和排放标准均达到国际领先水平。

总结国内钢铁工业 40 年高速发展的巨大成就，成功经验主要有以下几点：一是坚持对外开放。放开眼界，找到差距，学习和借鉴国外先进技术。二是实行举国体制。针对各历史时期钢铁工业的主要问题，联合攻关，迅速解决，全面推广。三是加强创新。在引进、消化和吸收国外先进技术和工艺装备的基础上，结合国内的特点进行再创新。这不仅迅速提升了国内技术水平，而且逐步形成了自主的钢铁工业运行体系和技术特色。

钢铁大国如何转变为钢铁强国

经过 40 年的高速发展，我国已成为世界上最大的产钢国，钢产量占全世界总产量的 51.3%。我国作为钢铁大国，是否也同时成为了钢铁强国？这一问题，国内长期存在争议。为此，需要明确钢铁强国的标准。纵观国际钢铁的发展，钢铁强国应同时具备以下特征：一是钢铁生产规模巨大，钢产量世界领先；二是钢铁生产技术先进，引领国际钢生产技术的发展潮流；三是产品质量高、品种全，不断开拓新的产品市场，在高附加值钢材生产中居垄断地位。

国际钢铁的发展已证明了上述标准的正确性。19 世纪末，英国凭借鼓风高炉和平炉炼钢的技术优势，钢产量世界第一，是当时的钢铁强国。20 世纪中期，美国凭借转炉，特别是氧气转炉的技术优势和新产品开发能力，奠定了其当代钢铁工业的霸主地位。20世纪后期，日本凭借铁水预处理、复吹转炉、炉外精炼与连铸、连轧的技术创新，也成为钢铁强国。而苏联虽一度钢铁产量居世界第一，但因采用平炉、模铸等落后技术，未能成为钢铁强国。

按照以上标准，中国虽然是钢铁生产大国，但还不是钢铁强国。首先，我国采用的各项先进的钢铁生产技术，绝大多数是通过引进国外先进装备，学习国外先进经验逐步积累起来的，并未通过自主创新，形成领先于国际水平的先进技术。其次，国内钢铁新产品开发能力差距较大，钢铁新产品研发以仿制国外同类产品为主，缺乏具有国际竞争力的独立品牌。

那么，中国钢铁工业可否很快实现由钢铁大国向钢铁强国的转变呢？

首先，取决于世界钢铁工业发展技术的需求。今后钢铁材料发展的总趋势是实现钢材超纯净、高均匀和组织精细控制。20世纪国际钢铁工业发展的重点是突破化学反应极限生产各种超纯净钢，21世纪的发展总趋势是实现超纯净钢高效、低成本稳定生产。

为提高钢材纯净度，20世纪中后期，逐步建立起“铁水脱硫预处理—复合转炉炼钢—炉外精炼提纯（LF和HR真空处理）—连铸—连轧”的现代化钢铁生产流程。该流程具有两个显著特点：一是将炉外精炼作为主要提纯手段，通过钢水脱氧，将氧化提纯转变为还原提纯，实现钢水深脱硫。但这也带来了钢水还原势不稳定，脱氧形成大量夹杂物等弊病。二是根据“分阶段冶炼”的理论，将超纯净钢冶炼分在多个独立反应器，分别单独进行氧化或还原提纯。各独立反应器的反应效率虽有提高，但难以避免各反应器间发生的钢水二次污染。如铁水脱硫，还原条件下有很高的反应效率，但在随后的氧化脱碳反应过程中（转炉）脱硫效率大幅降低，造成钢水严重回硫。又如，在氧化条件下钢中钛可降至5ppm（$1ppm = 1\times10^{-6}$）以下，但在其后还原精炼（LF）中，钛会大量还原，增加到30ppm以上。除此之外，传统流程还存在着低碳脱磷，钢渣过氧化；沉淀脱氧生成大量夹杂物；反复进行氧化或还原精炼，使提纯过程不断产生新的夹杂物以及反应效率低、炼钢渣量大、环境污染严重等技术弊病，很难实现高效低成本稳定生产超纯净钢的目标。

日本学者率先认识到传统钢铁流程存在的上述技术缺陷，用20多年时间研究开发出第一代和第二代铁水“三脱”（脱硅、脱硫和脱磷）预处理工艺，力图将钢水提纯的重点从炉外精炼转移到铁水预处理过程中。与钢精炼（即炉外精炼）相比，铁水预处理温度低，具备“天然”还原势，还原能力强，且稳定，不会造成钢渣过氧化，可避免脱氧产生的大量夹杂物。但受传统“分阶段冶炼”的影响，这一工艺未能解决好各独立反应器间钢水的“二次污染”问题，尚未被全世界广泛接受。

如果我国钢铁界能充分认识到今后钢铁生产技术的发展趋势，下决心研究开发第三代铁水“三脱”工艺，解决好各工序间钢水二次污染问题；在此基础上进一步优化和完善超纯净钢生产流程，真正实现超纯净钢高效低成本生产，将使我国钢铁工业在超纯净钢生产技术方面领先于全世界。

其次，综合国力也是我国从钢铁大国转变为钢铁强国的重要基础。目前，我国已经建立起全球最完善的制造业产业链，为钢铁工业的发展打下良好的物质基础。但制造业水平偏低，也限制了国内钢铁新产品的研究开发。今后，国内钢铁工业的发展要与制造业水平提升紧密结合，解决好钢铁材料研发落后于制造业发展、制造业水平又束缚钢铁材料发展的矛盾。

再次，从人力资源方面分析，我国从事钢铁工艺和材料研究的科技人员数量最多，具有最丰富的人力资源，缺点是科技团队的活力不足。具体表现为：一是受人才单位所有制的束缚，研究人员难以自由流动组合，很难迅速形成多专业配合有能力、有经验的攻关团队。二是受职务发明等政策限制，研究人员无法合理分享科研成果，造成科技成果转化的动力不足。三是知识产权未得到充分保护，造成科研投入大，经济效益小，无法实现科研工作的良性循环。尽快解决以上问题，充分调动科研人员的积极性，将释放出无穷的创造力。

为加快我国从钢铁大国转变为钢铁强国，我认为应从以下几点入手：一是国家应高度重视实体经济，特别是制造业的创新与发展，接受美国制造业空心化的教训，处理好高新技术发展与传统制造业转型升级的关系，在支持高新技术发展的同时进一步加强对传统制造业科技创新与技术进步的支持。二是鼓励和支持技术创新，充分发挥举国体制的政治优势，集中力量研究解决不同制造行业重大、关键、共性的技术问题，着力提升国内制造业的整体水平，应将企业真正视为创新的主体，明确任务、加强考核并给予各种政策扶持。三是加强知识产权保护，打击各种形式的非法侵权行为。一方面保证科研人员充分享受科研成果带来的经济效益，另一方面形成良性循环，使科研团队有足够的财力支撑各种新技术的研发投入。

（原刊于《中国冶金报》2019年9月18日1版，作者系中国钢研集团原总工程师、江苏冶金技术研究院院长）

关键一招

GUANJIAN YIZHAO

特 稿

潮起钢铁　不惑奋斗

历史，总是在一些特殊年份给人们以汲取智慧、继续前行的力量。

1949 年 7 月 9 日，鞍钢举行盛大的开工典礼。毛泽东主席和党中央来信祝贺并赠送锦旗：“为工业中国而斗争”！

1949 年，全国钢产量只有 15.8 万吨。“为工业中国而斗争”从此成为中国钢铁人矢志不渝的奋斗目标，成为近 70 载一代又一代钢铁人薪火相传的强国梦想。

1978 年 12 月 23 日，党的第十一届三中全会闭幕的第二天，上海宝山钢铁总厂打下第一桩。1979 年 9 月，邓小平同志高瞻远瞩地指出：“历史将证明，建设宝钢是正确的。”1984 年 2 月 15 日，邓小平视察宝钢并题词：“掌握新技术，要善于学习，更要善于创新。”

解放思想，持续创新。从此，中国钢铁人挺立时代前沿，在改革开放的大潮中拼搏、成长，在中国特色社会主义道路上探索、实践，一马当先。

2016 年 6 月 19 日，国家主席习近平参观河钢集团塞尔维亚斯梅代雷沃钢厂。习近平说：“我相信，在双方密切合作下，斯梅代雷沃钢厂必将重现活力，为增加当地就业、提高人民生活水平、促进塞尔维亚经济发展发挥积极作用。”

“一带一路”倡议，中国方案、世纪蓝图！作为供给侧结构性改革的先行者，中国钢铁人整装再发，踏上新时代的新征程。

四十而不惑！

中国钢铁工业改革开放的 40 年，是彻底结束钢材短缺时代的 40 年，是装备技术水平赶超国际先进水平的 40 年，是钢铁企业大步迈向现代化的 40 年，是在国际竞争与合作中不断发展壮大的 40 年，是绿色发展理念从无到有并逐步上升为企业发展本质要求的 40 年，是中国钢铁人在党的领导下艰苦奋斗、无私奉献、英模辈出的40年，也是从粗放到集约、从注重量的扩张到注重品种质量效益提升的深化发展的40年。

中国钢铁工业改革开放的40年，赫赫丰碑，处处屐痕，无不闪耀着解放思想、实践创新的光芒，无不揭示着继续奋进的方向——改革开放，是国与钢的命运抉择，是钢铁工业前进的逻辑，是中国钢铁工业由小变大、由大变强的决定性因素。

一、解放生产力　钢水奔腾壮志强国

回顾钢铁工业改革开放的40年，要从“三打两千六”谈起。因为透过这个截面，可以看到冲破桎梏的强大动能，看到改革开放怎样带来生产力的极大释放，进而看到国民经济由高速增长阶段转向高质量发展阶段中国钢铁工业的历史使命。

1. “三打两千六”改革开放前夜的反思

从1949年到1978年的近30年，是高度集中的计划经济时期，也是奠定新中国“钢铁之基”的时代。从鞍钢大型轧钢厂、无缝钢管厂、7号高炉等“三大工程”改扩建，到武钢、包钢、攀钢等一大批钢铁企业的建设，在艰苦奋斗中，中国钢铁工业初步建立起了包括采矿、选矿、烧结、炼铁、炼钢、轧钢、焦化、耐火材料、铁合金、炭素等比较完整的要素结构，地质勘探、工程设计、建设施工、设备修造、科学研究、冶金教育等比较齐全的行业门类，以大型企业为骨干、“大中小”相结合、具有3500万吨钢生产能力的新中国钢铁工业体系；培养造就了一支以钢铁强国为己任、英模辈出的数百万钢铁职工队伍。

那也是一个想钢盼钢的时代。翻开1959年3月17日的《大公报》，“全国钢铁职工在京誓师，夺钢大战序幕展开”的头条标题映入眼帘。一年又一年的“夺钢大战”寄托着钢铁人的强国情怀，也牵动着全国人民的心。尽管有“大跃进”全民大炼钢铁的困扰、“文化大革命”的破坏，中国钢铁人坚韧前行，使钢产量在1973年达到2522万吨的高点。1974~1976年，每年都计划产钢2600万吨，但是没有一年能完成这一指标，1974年钢产量下降到2112万吨，1975年钢产量达到2390万吨，1976年再下降到2016万吨。这就是业内流传的“三打两千六”。粉碎“四人帮”后，经过近两年的拨乱反正，钢铁企业先后开展了恢复性和建设性整顿，中国钢产量终于达到 3178 万吨。1978 年 12 月 11 日，《人民日报》发表社论《为完成三千万吨钢而欢呼》。

2. “三打两千六”失败的多方面原因

据原中顾委委员、中国企业联合会名誉会长袁宝华回忆，在 1975 年 5 月的钢铁工业座谈会上，邓小平提出，钢铁工业要解决 4 个问题：一是必须建立一个坚强的领导班子；二是必须坚决同派性作斗争；三是必须认真落实政策，把受运动伤害的老工人、老领导、老劳模和技术骨干的积极性调动起来；四是必须建立必要的规章制度，大钢厂要有单独的强有力的生产指挥机构。根据邓小平的思路，中央调整了冶金工业部领导班子，中央 13 号文件（即《关于努力完成今年钢铁生产计划的批示》）得到迅速贯彻，6 月即达到日产钢 7.24 万吨的历史最高水平。但是，我国钢铁工业终因前 5 个月欠产太多等原因，未能完成 2600 万吨钢的计划目标。1976 年，因为“四人帮”大搞所谓“反击右倾翻案风”，钢铁生产再次遭到破坏。但是，从邓小平的整顿思路和措施，以及粉碎“四人帮”后钢铁工业迅速突破年产 3000 万吨钢大关的实践，我们已经看到了调整生产关系、解放生产力的滥觞。

第十届全国政协副主席，中国工程院原院长、上海市原市长、中国工程院院士徐匡迪则从装备技术层面分析了原因：1955 年、1956 年，发达国家氧气转炉已经规模投产，炼一炉钢由平炉的 5~6 个小时减少到 40 分钟左右，炼钢效率大大提升。到 20 世纪 80 年代，发达国家的平炉基本上已全部淘汰。但改革开放初的中国只有平炉和小型侧吹转炉，工艺过程不连贯，炼钢与轧钢脱节，不仅能耗高而且生产效率低。

“三打两千六”让一代钢铁人深刻反思。这样的反思，为即将到来的改革开放做了充分的思想准备。以单一公有制为基础、高度集中的计划经济体制对生产力的束缚越来越明显，已到了非改不可的时候。

3. 亿吨钢铁壮国威　发力结束短缺时代

“年产亿吨，世界第一，其功巨矣，其业伟哉！”1997 年 1 月 15 日，《人民日报》发表了《亿吨钢铁壮国威》的评论文章，抒发着对钢铁的热切期盼。

1996年，中国钢产量突破1亿吨，成为世界第一产钢大国，实现了几代国人的梦想，既壮了国威，也集中体现了改革开放的强大力量。

解决钢铁产品长期供不应求的矛盾，是钢铁工业改革开放的首要任务。

改革开放初期（1978~1992年），是由高度集中统一的计划经济体制向初步建立社会主义市场经济体制过渡时期。改革的主要内容是扩大企业生产经营自主权；政府对国有企业放权让利，逐步减少指令性计划，扩大市场范围，营造市场竞争主体。对外开放则主要是在全盘引进国外先进技术装备新建宝钢和天津大无缝的同时，创造条件鼓励企业利用外资和国外先进技术装备，改造落后的产业基础，缩小与国外先进水平的差距。

建立社会主义市场经济体制时期（1993~2000年），改革开放的主要内容是：建立和完善市场体系，改革财税制度，实行市场定价；建立现代企业制度，探索股份制改造，实施债转股改革；同时大量引进国际先进技术。随着2001年12月11日中国加入世界贸易组织（WTO），钢材出口关税大幅度下降和彻底取消对进口钢材的限制，钢铁行业成为首批迎接国际竞争洗礼的行业，国际竞争力逐步提升。

在国民经济高速发展时期（2001~2014年），政企分开改革进一步深化。在冶金工业部撤销的基础上于1998年成立的国家冶金工业局，于2001年2月撤销，中国钢铁工业协会作为钢铁行业的自律性中介组织走上前台，在政府和企业之间发挥桥梁和纽带作用。国家开始运用市场化手段取代过去单一的行政命令，通过制定、发布产业政策、发展规划、准入标准等，对行业进行管理。同时，企业改革进一步深入，股份制改造加速推进，民营钢铁企业快速崛起，并购重组加紧进行。此外，钢铁工业利用国外资源达到前所未有的高潮，进口铁矿石占比超过50%，一些企业开始走出去投资或收购国外矿山，全球化水平大幅提升。

在一系列调整生产关系、扩大企业发展能力和空间的政策措施推动下，中国钢铁工业摆脱了计划经济时期的观念和体制束缚，探索创新、拼搏奋进，生产力得到极大解放，一举结束了钢铁短缺时代。中国钢产量自1996年首破1亿吨后，2003年突破2亿吨，2005年突破3亿吨，2006年突破4亿吨，2008年突破5亿吨，2010年突破6亿吨，2011年突破7亿吨，2013年突破8

亿吨后一直保持在 8 亿吨以上的规模。

1978~2017 年，我国粗钢产量以年均 8. 7%的速度增长，2017 年产粗钢 8. 32 亿吨，2018 年上半年产粗钢 4. 51 亿吨，占世界钢铁产量的半壁江山。

1978 年，全国只有鞍钢 1 家企业的年钢产量超过 500 万吨；2017 年，宝武钢铁集团年钢产量达到 6539. 27 万吨，河钢集团年钢产量达到 4406. 29 万吨，沙钢集团年钢产量达到 3834. 73 万吨，鞍钢集团年钢产量达到 3421. 98 万吨，年钢产量 2000 万~3000 万吨的企业达到 4 家。

2004 年 7 月 13 日，《财富》杂志推出年度世界 500 强排名，上海宝钢集团公司首次进入世界 500 强，名列第 372 位，从而成为中国竞争性行业和制造业中第一批进入世界 500 强的企业。此后，更多钢铁企业进入世界 500 强榜单。2018 年，中国宝武、河钢集团、沙钢集团、新兴际华集团、鞍钢集团、首钢集团携手进入世界 500 强。

缺钢少铁、积贫积弱的中国，在世界的舞台上，挺起了钢铁的脊梁。

4. 去产能　供给侧改革再打头阵

2018 年 4 月 23 日，随着最后一炉铁水出铁完成、高炉休风结束，华东第一高炉——马钢 9 号高炉在运行 65 年后被永久性关停。

用马钢 9 号高炉最后一个班次铁水浇铸的纪念牌（中国冶金报社提供）

1958 年 9 月 20 日和 1959 年 10 月 29 日，毛泽东主席曾两次登上马钢 9 号高炉炉台。如今，这座高炉作为爱国主义教育基地和工业遗址予以保留。

曾任马钢党委书记的冶金工业部副部长，国家冶金工业局局长，全国人大常委会原副秘书长、机关党组书记王万宾，在得知消息后动情地说："9 号高炉是马钢人心中永远的丰碑！马钢决定永久保留毛泽东主席两次视察的 9 号高炉，是不忘初心、牢记使命的历史性举措！"

不错！一个时代有一个时代的问题，一代人有一代人的使命。

从 2013 年开始，随着国内第三产业开始超过第二产业，我国进入到粗钢生产消费峰值平台区。2014 年，随着我国经济进入新常态，在经济高速增长期被掩盖的各类深层次问题开始爆发，钢铁行业效益持续下滑。2015 年，我国粗钢产量和实际消费量双双出现改革开放以来的首次下降；同时，粗钢产能利用率不到 70%，重点大中型钢铁企业亏损面超过 50%。钢铁工业出现产能严重过剩。

2015 年 11 月，习近平总书记在中央财经工作领导小组第十一次会议上强调，要着力加强供给侧结构性改革。2015 年 12 月召开的中央经济工作会议提出，2016 年经济社会发展主要是抓好去产能、去库存、去杠杆、降成本、补短板五大任务。2016 年，《国务院关于化解钢铁行业产能过剩实现脱困发展的指导意见》（国发〔2016〕6 号）发布，明确提出 5 年内要化解钢铁过剩产能 1 亿~1.5 亿吨。紧接着，8 个涉及奖补资金、财税、金融、国土、环保、职工安置、安全、质量等方面的配套支持文件紧锣密鼓地发布，化解过剩产能的具体工作机制也从中央到地方层层建立起来。随后，彻底取缔"地条钢"毒瘤的大限日，被定格在 2017 年 6 月 30 日。

就这样，适应国民经济进入新常态的要求，实现由量向质的根本性转变，中国钢铁人在供给侧结构性改革中再次承担起先行者的重任，逢山开路，遇水架桥。

至 2015 年 3 月，鞍钢集团攀成钢累计关停过剩产能 350 万吨，平稳分流安置 9000 多名职工；至 2015 年 12 月 22 日，杭钢用 5 个月时间，快速平稳关停半山钢铁基地，妥善分流安置职工 12000 人。

2016 年 6 月 20 日，宝钢不锈 2500 立方米高炉正式关停；当年 8 月 31 日，曾为新中国钢铁工业发展立下功勋的包钢 2 号高炉正式开始拆除。

2017年4月20日，国务院总理李克强考察山钢济钢，对工人们说，国家不会忘记你们做出的贡献，一定保障职工的合法权益和基本生活，确保转岗不下岗、转业不失业。2017年7月8日，山钢济钢在济南的钢铁产线全线安全停产，济钢转型发展迈出坚实一步。

2017年9月5日，李克强走进太钢集团临汾钢铁有限公司。在一片正在拆除的落后产能厂房前，李克强寄望太钢浴火重生。

2016年、2017年，钢铁行业分别压减产能6500万吨、5500万吨；2018年将再退出钢铁产能3000万吨。到2018年末，我国钢铁行业预计压减过剩产能1.5亿吨。同时，我国还取缔了1.4亿吨“地条钢”产能。生产力结构得到优化，钢铁行业市场环境逐步好转，摆脱了“劣币驱除良币”的局面，2017年，钢铁行业产能利用率已恢复到80%左右；市场价格和企业效益逐步回升。2018年上半年，中钢协会员钢铁企业销售利润率基本达到了全国规模以上工业企业利润率水平，企业资产负债率持续下降，运营质量不断提高。

中国有效化解钢铁过剩产能为全球钢铁市场回暖做出重大贡献。世界钢铁协会总干事埃德温·巴松指出，中国是世界上唯一一个公布去产能目标的国家，中国引领世界钢铁工业的供给侧结构性改革。

二、持续创新 从追赶向并跑、领跑转变

从党的十一届三中全会提出“在自力更生的基础上积极发展同世界各国平等互利的经济合作，努力采用世界先进技术和先进设备”，到2017年党的十九大提出“创新是引领发展的第一动力，是建设现代化经济体系的战略支撑”，钢铁工业装备技术努力赶超世界先进水平的40年画卷壮阔展开：继宝钢建设之后，1989年6月，全盘引进国外先进技术的天津钢管公司开工建设。同时，冶金工业部提出“立足现有企业，走挖潜、改造、配套、扩建的路子”，重点抓好钢铁企业的技术改造工作；1994年，冶金工业部提出大力推进淘汰落后技术装备，采用新技术对老企业进行技术改造，拉开了采用高炉喷煤粉、连铸、溅渣护炉、热装热送等六大共性先进技术改造的大幕。进入21世纪，钢铁工业依靠引进吸收再创新、集成创新、自主创新，装备技术向着大型化、高效化、自动化、长寿化和生产过程环境友好的方向加速发展。如今，中国钢铁工业的装备技术整体上达到或基本达到世界先进水平。

1. 建设宝钢　学习、创新铺就现代化之路

1977 年 5 月，将要担任冶金工业部部长的唐克拜访了邓小平，他建议在沿海地区引进设备，利用国外矿石资源建一个钢厂。邓小平当即表示：“要搞就搞个大的。花点钱，买些现代化的设备回来。”

宝钢一期工程预算总投资 300 亿元，是新中国成立以来，投资最多、技术最新、难度最大的工程项目。

争议在所难免。邓小平、李先念、陈云等老一辈党和国家领导人，当时的上海市和冶金工业部，以及宝钢工程的建设者，纷纷站到了思想解放的前沿。冶金工业部从四面八方调集资源，全力以赴，先后有 6 位副部长在宝钢主持工作。

1983 年，时任冶金工业部第一副部长、党组副书记的黎明到宝钢任职，带领宝钢工程指挥部先后探索了投资包干、节约分成等管理模式，不仅抢回了拖延的工期，还实现了“工期确保、质量提高、投资不超”的目标。黎明在宝钢一干就是 15 年，带领宝钢人完成一期、二期建设，开始三期建设，创立了中国钢铁工业现代化发展新模式，开创了中国国企改革发展持续创新的“宝钢之路”。

按照新日铁的设计，宝钢炼钢对水质的要求非常高，降低长江水氯离子的含量成为技术上的拦路虎。于是，宝钢指挥部副总工程师凌逸飞等人提出，在长江口建水库，利用长江的潮涨潮落实现“蓄淡避咸”的方案。1983 年大年初一，宝冶特种公司经理王茂松开车，在长江引水工地抛下了第一车块石；1985 年 9 月，长江引水工程建成投用，保证了宝钢一号高炉的投产；2005 年 6 月 13 日，宝钢隆重举行“宝山湖”纪念碑落成仪式，新落成的“宝山湖”纪念碑将李先念题词的“宝钢长江引水工程落成纪念”纪念碑和陈云题词的“宝山湖”纪念碑合二为一。

2000 年底，宝钢三期工程基本建成，宝钢的建设规模从一期的 312 万吨钢、二期的 671 万吨钢，最终提高到 1100 万吨钢生产能力，产品可代替 441 万吨进口钢材。同时，用于三期工程建设的 520 多亿元投资基本上靠宝钢自筹，整个工程建设的设备国产化率达到 80%（一期工程、二期工程的国产化率分别为 12%、61%）。

2000 年，宝钢股份上市；2005 年，宝钢成为首批规范化董事会试点企业

之一；2016年，宝钢又成为首批国有资本投资公司试点企业；2016年12月1日，中国宝武钢铁集团成立；2017年，被誉为21世纪钢铁“梦工厂”的湛江钢铁基地一期工程全面投产。

“成为全球钢铁业的引领者”——中国钢铁航母就这样破浪起航了。

宝钢建设，使中国钢铁工业的工艺装备技术与世界先进水平之间的差距缩短了20年；宝钢弥补了钢铁产品品种、质量上的差距和不足，开创了钢铁工业现代化管理的新局面。

2. 鞍钢技改　老企业脱胎换骨奔向现代化

1994年，冶金工业部副部长吴溪淳被派到鞍钢兼任党委书记，帮助鞍钢解决生产经营问题。吴溪淳很快发现，鞍钢需要一个强有力的领导班子。同年岁末，中组部将刘玠从武钢急招到北京，任命他为鞍钢总经理。

此后12年，鞍钢进入了脱胎换骨的时代——改革机制、改造装备，走出了一条“高起点、少投入、快产出、高效益”的老企业技术改造之路。

鞍钢技改从“平改转”开始。鞍钢利用原有的厂房装备，改一座转炉，停一座平炉，边生产边改造（含连铸工艺），鞍钢相继建起了6座100吨的转炉，实现了全转炉、全连铸。1997年，鞍钢开始筹划建设1780毫米热连轧生产线，该产线投产4年就收回了全部投资，被鞍钢人戏称为“印钞机”。2000年11月，我国第一条自主设计、具有国际先进水平的1700毫米热轧生产线在鞍钢诞生。2006年1月，由鞍钢总包的济南钢铁公司1700毫米中薄板坯连铸连轧工程投产。鞍钢成为中国第一家既输出产品又输出成套技术的钢铁企业，改变了冶金重大成套设备长期依靠国外进口的历史。

1993~2000年，钢铁行业展开了以连铸为中心的生产结构优化。1999年12月10日，武钢初轧厂全线停工，在全国十大钢企中率先淘汰初轧厂，全面实现全连铸生产。2001年12月28日，我国最后一座平炉在包钢退出历史舞台，标志着我国钢铁工业彻底完成了平炉改转炉的技术改造。

3. 首钢搬迁调整　大海边放飞强国梦

2005年2月18日，国家发展改革委下发《关于首钢实施压产、搬迁、结构调整和环境治理方案的批复》。2005年7月，《钢铁产业发展政策》正式出台，提出了产业布局调整等一系列政策措施。于是，首钢800万吨钢铁产能的长途东迁，便兼具了环保搬迁和优化钢铁产业布局的双重定义。

不仅如此，首钢搬迁所选定的新址曹妃甸，曾出现在1917年孙中山先生撰写的《建国方略》中《北方大港》的地图上，这更激起了人们投向海洋的强国梦想。

时空交汇，使命叠加。2007年3月12日，首钢京唐钢铁联合有限责任公司钢铁厂工程开工典礼在北京和曹妃甸同时举行。2010年6月，首钢京唐一期工程竣工投产，首钢一业多地的发展格局也已确立。2011年1月13日，首钢举行北京石景山钢铁主流程停产仪式，首钢搬迁调整顺利完成。其间，时任中共中央总书记、国家主席胡锦涛和国务院总理温家宝等多位党和国家领导人都曾分别到首钢或者曹妃甸施工现场考察。

位于渤海湾的曹妃甸，在约20平方千米的范围内，2座世界领先的5500立方米高炉、2座焦炉、3座转炉、1条2250毫米热轧生产线、1条1700毫米冷轧生产线及各项配套设施，合理有序地“排兵布阵”。作为国家“十一五”科技支撑计划重大项目——“新一代可循环钢铁流程工艺技术”示范工厂和实施基地，首钢京唐集中采用了220余项国内外先进技术，自主创新和集成创新占比达到了2/3。徐匡迪曾评价说：“中国由钢铁大国迈向钢铁强国，正在由曹妃甸起步。”

2015年8月21日，首钢京唐二期工程项目启动。为落实产能减量置换要求，2018年6月29日，首秦1号连铸机正式停产。

如今，除了首钢京唐之外，鞍钢鲅鱼圈、宝钢湛江、山钢日照等几大钢铁基地已挺立在大海之滨。这些项目取得一系列自主创新成果，标志着中国钢铁工业自主设计、制造、工程建设和掌握运用新技术达到了新的高度。

历经40年的学习、创新，如今，钢铁工业已经拥有全球领先的生产能力。

技术装备水平大幅提升。1978年，我国大于1000立方米的高炉只有25座；2017年，中钢协会员企业1000立方米以上高炉已有319座，其中3000立方米级的高炉19座，4000立方米级的高炉17座，5000立方米以上高炉5座。2001~2017年，100吨以上的转炉从30座增加到341座，其中300吨及以上14座；连铸机从291台增加到662台，高速线材轧机从42套增加到172套，热轧宽带钢轧机从11套增加到46套。中国的大高炉、转炉技术已经实现了对包括韩国、日本、美国等在内的20~30个国家的出口。

品种扩大、结构优化、质量改善，有力支撑了国民经济各行各业的发展。1978年，我国钢材自给率仅为72.2%。如今，我国钢铁工业不仅满足了国民经济建设对钢铁产品数量的需求，还满足了大多数领域对钢材品种质量的要求。钢协会员企业400兆帕及以上高强钢筋产量占比超过95%；高强船板产量约占船板产量的50%；电工钢板、冷轧卷板、镀锌板等高端产品逐步替代进口，国内市场占有率不断提高。

钢铁工业创新体系日益完善，创新能力显著提高。据不完全统计，截至2017年底，钢铁行业已建成国家级的重点实验室20个、工程实验室5个、工程技术研究中心（不含分中心）14个、工程研究中心6个、企业技术中心42个，初步形成了以企业为主体、产学研用相结合的技术创新体系和机制。2017年，钢协会员钢铁企业申请专利9821件，同比增长5.55%；期末有效发明专利15678件，同比增加2762件、增长21.38%。

“互联网+”百舸争流，智能制造再攀高峰。党的十八大以来，以欧冶云商、南钢“JIT（准时制生产方式）+C2M（用户对制造端）”平台、河钢唐钢“钢铁企业智能工厂试点示范”等工信部智能制造试点示范项目，以及新崛起的钢铁电商、大量应用在产线的工业机器人为代表，钢铁工业两化深度融合和智能制造已走在工业领域的前列。

远望首钢京唐公司（中国冶金报社提供）

三、改革攻坚　钢铁企业涅槃腾飞

1. 首钢承包制　摆脱束缚　解放生产力

1979年5月25日，首钢成为京津沪8个国企改革试点之一，实行利润留成办法。从1982年起，国家开始对首钢实行“上缴利润递增包干”政策，首钢按国家计划生产的钢材15%可以自销，职工工资、奖金与企业经济效益挂钩。

破除政企不分的体制障碍，获得了自主经营、自我发展有利条件的首钢，得以集中精力探索通过经营机制的转换调动职工积极性的新路子。

实施承包制之初，首钢就提出在内部打破“平均主义”的“三个百分百”：每个职工都必须百分之百地执行规章制度；出现违规违制，都要百分之百地登记上报；不管是否造成损失，对违制者都要百分之百地扣除当月全部奖金。这种责任、考核、奖惩三者结合的管理方式，使首钢的生产秩序很快恢复。

1987年10月，首钢取消干部、工人界限的改革再次引来业内外关注。改革后，无论什么岗位上的工作人员，都被称为“首钢工作者”，在政治、经济上享有同等权利，人力资源活力得到进一步释放。1988年“五一”前夕，此前还是首钢仓库工人的雷戌，乘飞机飞往美国，从事他喜欢的外贸工作。1979~1990年，首钢从工人中先后选拔干部7000多人，干部能上能下也渐成风气。

1987年，国务院决定全面推行承包制。到1988年底，全国110家大中型钢铁企业中实行承包制的占94%。钢铁工业前后十几年的承包制改革，极大地解放了生产力。

但是，诞生于改革开放初期的承包制，没有从根本上摆脱计划经济体制的束缚，仅靠企业内部转换机制，难以达到改革的预期目标。1993年11月，党的十四届三中全会指出，我国国有企业的改革方向是建立“适应市场经济和社会化大生产要求的，产权清晰，权责明确、政企分开和管理科学”的现代企业制度，并要求企业成为自主经营、自负盈亏、自我发展、自我约束的法人实体和市场竞争主体。此后，钢铁企业开始了建立现代企业制度、推行股份制改造等更深层次的改革。

2. 武钢质量效益型道路 克难攻坚 走向现代化

1974年，经毛泽东主席、周恩来总理亲笔批示，武钢从前联邦德国和日本引进了具有当时世界先进水平的“一米七”轧机系统，拉开了中国钢铁工业走向现代化的序幕。

1978年底，武钢“一米七”轧机工程竣工投产。当年12月，“一米七”轧机试轧国产钢坯失败，而日本钢坯却能够顺利地通过生产线。

面对困难，十里钢城掀起了科技攻关的热潮，武钢夜校灯火通明，图书馆天天爆满。终于，武钢人成功攻克了“一米七”轧机不能轧国产钢坯的难题。

挑战并没有结束。1981年调任武钢经理的黄墨滨回忆：1980年，武钢250多万吨钢就有近30万吨废品。1983~1985年，武钢开展了“废品减半”“废品再减三分之一”“废品再减三万”的活动；1986~1988年，武钢进一步开展了产品质量升级活动；1989年，武钢明确提出“走质量效益型发展道路”的发展战略。

武钢“一米七”轧机正在生产的情景（中国冶金报社提供）

1992 年，国务院办公厅批转了武钢走质量效益型道路的报告，号召全国工交企业学习武钢。这标志着中国钢铁企业在改革开放初期向市场经济体制转变的实践中，逐步摸索出了具有中国特色的现代化管理模式。直到今天，武钢的质量效益型道路仍然具有强烈的现实意义。

武钢的改革没有停步。1992 年，针对人均年产钢不足 50 吨、不到国际先进企业 1/20 的问题，武钢率先在国有大中型企业中提出“精干主体、剥离辅助、减员增效”的体制改革和组织结构调整思路；1993 年，他们喊出了“7 万人不吃钢铁饭”的口号；1993~2003 年，武钢 7 次剥离减员，组建 29 家子公司、分公司，钢铁从业人员由 1992 年的 11 万人减至 2002 年的 1.5 万人，开国有企业主辅分离改革之先河。

3. 邯钢经验“推墙入海”适应市场

在钢铁人勇敢担当、凤凰涅槃的大变革时代，诞生了闻名全国的邯钢经验。

1990 年代，邯钢曾连续 5 个月亏损。而邯钢下属分厂每月仍然理直气壮地向财务处催要超产奖金。1991 年，时任邯钢总厂厂长的刘汉章和邯钢领导班子做出决定，实施新的经营机制——“模拟独立核算”和“成本质量双否决”。8 个月后，邯钢即完成利润 5194.03 万元，同比增长 364%。这一经营机制后来被概括为“模拟市场核算、实行成本否决”的邯钢经验。

1996 年初，国务院发出批转邯钢经验的通知，邯钢经验很快走向全国。时任国务院副总理吴邦国在全国企业管理工作会议暨学邯钢经验交流会上指出，邯钢经验的实质就是“推墙入海”——丢掉幻想，转变观念，下决心走向市场。

1996 年，贵州省原省长吴亦侠商请时任冶金工业部部长、党组书记刘淇选派得力干部帮助水钢扭亏。时任冶金工业部副部长王万宾前往鞍钢物色人选。时任鞍钢总经理助理的朱继民临危受命，到水钢任总经理；冶金工业部又组织了一个 5 人调查组，加上邯钢派出的包括 11 名基层干部的咨询组，于 1997 年 2 月 13 日一起奔赴水钢。三四个月后，水钢大幅减亏。1998 年和 1999 年，冶金工业部先后两次召开水钢学邯钢现场经验交流会，极大鼓舞了国有企业学邯钢扭亏为盈的信心。

据粗略统计，到1999年初，通过学邯钢，全国仅冶金行业的企业亏损额就下降34亿元，下降幅度高达30%。

2018年11月26日，中央庆祝改革开放40周年表彰工作领导小组办公室在《人民日报》刊发“关于改革开放杰出贡献拟表彰对象的公示”，刘汉章入选。公示指出，邯钢经验在全国掀起了一场企业管理模式革命，先后有2万余家企事业单位到邯钢学习取经，被誉为我国“工业战线上的一面红旗”，成为继大庆之后在全国推广的第二个工业企业学习典型。

4. 一切从市场出发 民营钢企异军突起

1984年是我国改革开放的又一个重要历史节点。

这一年，党的十二届三中全会通过的《中共中央关于经济体制改革的决定》，明确提出了社会主义经济是在公有制基础上的有计划的商品经济的论断。改革的主要措施包括在大多数国有企业实行承包经营责任制，对一些小型国有企业实行租赁经营等。

这一年，时任冶金工业部部长、党组书记李东冶主持策划实施了“七五”时期冶金部对国家实施行业投入产出总承包的方案，承包经营机制得以在企业和行业两个层面大力推动，冶金行业呈现蓬勃发展的局面。

也是在这一年，沈文荣成为沙洲县钢铁厂厂长，开始全力生产热轧窗框钢。这家由投资45万元的沙洲县锦丰轧花剥绒厂轧钢车间起家的钢铁厂，1992年组建成沙钢集团，并于2001年开始改制。沐浴着改革开放的春风，沙钢坚持“一切从市场出发”，通过引进设备不断调整产品结构，一步步发展成为我国最大的民营钢铁企业。2015年，沙钢的成长轨迹被拍成了电影《钢铁，是这样炼成的》。2018年10月24日，全国工商联在京举行新闻发布会，发布了由中央统战部、全国工商联共同推荐宣传的“改革开放40年百名杰出民营企业家”名单，沈文荣榜上有名。

同是在1984年，参加过抗美援朝的老兵、江苏省张家港市南丰镇永联村党支部书记吴栋材，花7万元从浙江买来一套被淘汰的小轧机，最终和镇供销社合作建起了一个轧钢厂，永联钢铁公司就此起步。2002年，乡镇企业体制改革大潮来临。在吴栋材的坚持下，永联村保留了永钢集团25%的股份，成功践行了“先富带后富”的社会主义新农村道路。

还是在这一年，身为泰安地区钢铁厂车间党支部书记、第二水泥厂党总支书记的王守东，眼见泰安地区钢铁厂停产下马，向上级递交了《恢复上马炼铁刻不容缓，决心为振兴莱芜经济做出贡献》的请缨报告，带领300多名职工恢复生产。2003年6月，王守东把周边10个村15000多名群众“招至麾下”，改制建起7个实业总公司，带领他们参与到泰钢工业园的发展中来。2004年8月12日，泰钢工业园区10个自然村的10000多名农民兄弟全部划归泰钢。泰钢也走出了一条统筹城乡发展、工业反哺农业、解决“三农”问题、构建和谐社会的新路子。

在这个充满梦想的年代，年轻一代的民营企业家们，也在蓄势待飞。1984年，年轻的丁立国正在丰润二中就读。1993年，已经在深圳闯荡两年的他决定回家乡唐山创业，做钢材贸易。1995年，丁立国组建了立国集团，转向钢铁实业。1999年，丁立国接手已停产几年的邢台新牟钢厂，并于2007年7月将其更名为邢台德龙钢铁实业有限公司。

萌芽于20世纪80年代，生根于90年代中，崛起于21世纪，这是中国民营钢铁企业的成长轨迹。2017年，中国民营钢铁企业产粗钢4.71亿吨，占全国钢产量的56.53%。党的十八大以来，民营钢铁企业和国有钢铁企业一道积极去产能，共同推进钢铁行业健康发展。在工信部2017年、2018年公布的两批绿色工厂名单里，28家钢企被评为绿色工厂，河钢唐钢、河北新金、德龙钢铁、普阳钢铁、河北敬业、太钢不锈、鞍钢鲅鱼圈、兴澄特钢、马钢股份、石横特钢、泰山钢铁、山钢莱钢、河钢邯钢、包钢钢联、吉林建龙、江苏永钢、中天钢铁等不同所有制企业交相辉映。

5. 四源合基金重整重钢　企业改革向纵深推进

2017年4月7日，由中国宝武钢铁集团联合美国WL罗斯公司、中美绿色基金、招商局金融集团共同发起成立中国第一支钢铁产业结构调整基金——四源合钢铁产业结构调整基金。2017年11月份，四源合基金参与重钢重整，并最终成为*ST重钢的实控人。目前，重钢已扭亏为盈。

从2005年开始，我国钢铁企业不断加大联合重组力度。党的十八大以来，随着深化改革各项政策“红利”的释放，市场化重组迎来了新的窗口期，联合重组工作中的两大难点——跨地区、跨所有制重组和重组企业的整合取得新的突破。

2017年8月8日，以沙钢集团为主要战略投资者的东北特钢集团破产重整计划获得债权人会议表决通过，并于8月11日经法院批准实施。重组后的两个月，东北特钢实现扭亏为盈。2017年9月，东北特钢旗下北满特钢被建龙集团重整后，注册更名为建龙北满特钢有限公司。11月13日，停产1年多的北满特钢高炉点火复产，一个濒临破产的老国企迎来重生。东北特钢与战略投资者的成功重组，开启了民营控股的混合所有制运营新模式。

同时，已重组企业的内部改革进一步深化。例如，宝武集团整合融合，不断提升国有资本运营效率和效益；鞍钢集团深化“放管服”改革，把市场化经营决策权放归于各级市场主体；山东钢铁集团积极改建国有资本投资公司，并于2017年起进行了颠覆式、重生式全员重新竞争上岗等。

回首40年，企业改革从最初的政策调整阶段进入到制度创新、与资本市场等相关领域改革同步推进阶段，并进而与整个国民经济改革相结合，经济体制改革、政治体制改革、文化体制改革、社会体制改革、生态文明体制改革、党的建设制度改革协同推进，各种要素活力竞相迸发。如今，一批现代化的钢铁强企正在向我们走来。

四、开放合作　大国钢铁站上世界舞台

“中国加入WTO是机遇，也是挑战，会发生更多的贸易争端，企业要学会利用WTO的规则，自己去解决问题。”2002年，时任国务院总理朱镕基在博鳌亚洲论坛首届年会开幕式后答记者问时指出。

时隔16年，习近平主席在博鳌亚洲论坛2018年年会开幕式上宣示：“中国开放的大门不会关闭，只会越开越大！”

40年的开放之旅，从引进来到走出去，从加入WTO到共建“一带一路”，中国钢铁工业一直走在国际竞争与合作的前列。

1. 钢铁保障措施“涉世”搏击国际市场

1995年，我国钢铁企业取得自主经营出口业务的权利，与国际市场的交流越来越频繁，“反倾销”也是从那时起就为中国企业所熟悉。

我国钢铁企业中最早利用世界贸易组织（WTO）规则维护企业利益的是

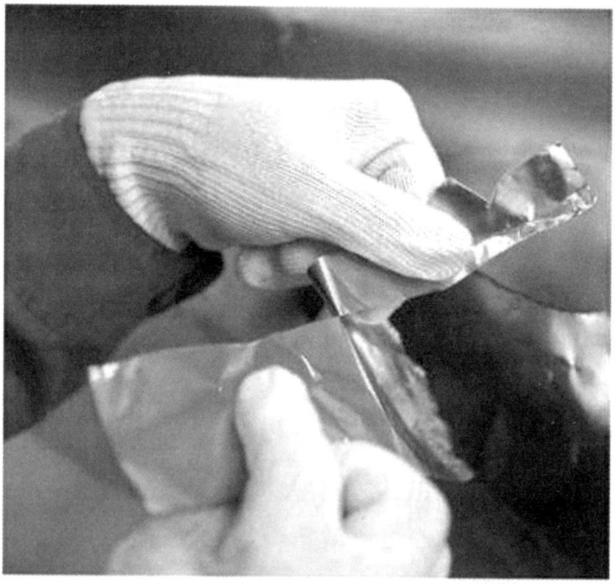

太钢“手撕钢”(中国冶金报社提供)

太钢。1998年，一些国外企业的不锈钢以低于国际市场正常水平1/3多的报价向中国出口，太钢率先向当时的国家冶金局提出对日韩不锈钢冷轧板进行反倾销，得到上海浦钢、陕西精密合金厂2家企业的响应。自2000年12月18日起，我国对日韩不锈钢冷轧板征收4%~58%的反倾销税。

2002年4月19日，北京机场。前来参加北京科技大学50周年校庆的钢企老总们被挨个拦下。然后，他们毫不犹豫地在一份文件上签名。这份文件是中国钢铁工业协会和宝钢、鞍钢、武钢、首钢、邯钢联合拟定的《关于对钢铁产品临时保障措施调查的申请》。当晚9点多，这份代表着中国钢铁企业意志的文件，被紧急送往外经贸部。2002年5月20日，外经贸部正式宣布开始钢材保障措施立案调查。

那是2002年3月5日，我国加入WTO后不到3个月，美国即发起全球钢铁贸易大战。时任中国钢铁工业协会会长吴溪淳提出：中国钢铁必须采取临时保障措施。

这是我国加入WTO后，第一次运用保障措施保护国内产业。这一举措保证了我国钢铁产业的平稳发展，也赋予中国钢铁弄潮国际市场更大的自信。

1978年，我国1/3的外汇都用来进口钢材。到2005年，我国实现了钢材进出口平衡。2006年，我国实现了历史性的转折，钢材钢坯折合粗钢净出口3463万吨，成为钢材净出口国。到2017年，我国粗钢净出口已达到6559.71万吨，而且出现了出口价格上涨、结构有所优化的可喜变化。

在数量增加的同时，钢材出口结构也在不断改善。特别是党的十八大以来，钢铁企业加强出口战略谋划，质量、服务和品牌意识日益增强，钢铁产品的国际竞争力不断增强。

2014年，鞍钢拿下美国最大的悬索桥纽约韦拉扎诺海峡大桥所有桥梁钢板（1.5万吨桥梁用钢板）的供应合同，仅用1周时间，就顺利实现供货。2016年人民日报微信公众号全文转载一篇题为“纽约修桥被迫用中国钢铁，遭全民抵制，政府说出原因后大家都沉默了……”的文章，网友们纷纷留言：“厉害了，我的钢!”

2014年11月18日，河钢增持德高股权至51%。控股德高，让河钢拥有了全球最大的钢材营销网络。目前，河钢在111个国家和地区从事商业活动，与全球331个钢厂建立了业务往来，产品销往4.4万家客户，奔驰、宝马、卡特彼勒、西门子等越来越多的世界级巨头与河钢形成了稳固的合作关系。

作为全球最大的不锈钢企业，太钢瞄准高端技术产品，不断创新。2018年，太钢研制和生产出“手撕钢”——不锈钢精密箔材，质量达到了世界先进水平，在宽度上已经超过了世界发达国家水平。当年8月9日，“手撕钢”研制成功不久，重达600千克的钢箔就销往德国。

2017年11月，中国钢铁工业协会组织对中信泰富特钢集团兴澄特钢和钢铁研究总院共同完成的“超纯净高稳定性轴承钢关键技术创新与智能平台建设”进行成果评价，认为兴澄特钢高端轴承钢的冶金质量和性能水平达到了国际领先水平。2018年9月20日，由中信集团主办、中信泰富特钢集团承办的滚动轴承国际研讨会在上海举行，这是中国首次举办滚动轴承国际高端研讨会。

2. 争取话语权　在博弈中砥砺成长

2003年，中国进口铁矿石数量第一次超过日本，成为全球最大的铁矿石进口国。当年岁末，以宝钢为代表的中国钢铁企业首度参与一年一度的国际铁矿石价格谈判，中国钢铁企业终于有了在铁矿石国际贸易中的话语权。

铁矿石期货引入境外交易者启动仪式现场（中国冶金报社提供）

以此为起点，到 2010 年长协机制崩溃，再到之后的季度定价、指数定价等，中国钢铁工业为打破淡水河谷、力拓、必和必拓、FMG 四大矿山巨头垄断，争取铁矿石定价更大话语权的努力从未停止。

2011 年 10 月 1 日起，中国钢铁工业协会联合中国五矿化工进出口商会和中国冶金矿山企业协会推出的中国铁矿石价格指数（CIOPI）开始按周发布。2014 年 1 月 1 日起，CIOPI 开始按工作日对外发布，打破了完全依靠普氏指数定价的被动局面。

2012 年 5 月 8 日，中国铁矿石现货交易平台开市。

2013 年 10 月 18 日，全球首个以实物交割的铁矿石期货在大连商品交易所上市。在这期间，焦炭、焦煤、铁合金、线材、螺纹钢、热轧卷板等期货品种分别在大商所和上海期货交易所上市，为钢铁企业提供了完整的套期保值和避险工具。

2017 年，中国五矿联合多家企业启动亿吨级铁矿石交易中心项目。

2018 年 5 月 4 日，大连商品交易所铁矿石期货正式实施引入境外交易者业务，进入铁矿石期货国际化的新阶段。

2018 年以来，铁矿石供需双方的高层沟通得到加强，铁矿石市场没有出现大幅波动，保持了较好秩序。2018 年上半年，我国进口铁矿石 5.31 亿吨，同比下降 1.6%；6 月末，中国铁矿石价格指数 62%品位进口铁矿石到岸价格比 2017 年末下降 7.5%。

在困境中砥砺，在博弈中成长。中国钢铁工业市场化手段日益增多，市场掌控能力不断增强。

3. 全球化布局 “一带一路”友天下

河钢塞钢员工白莉娜女儿塔玛拉创作的《妈妈工作在河钢》(中国冶金报社提供)

2018 年 7 月 3 日，河钢塞尔维亚公司的员工们很兴奋，因为他们得知工友白莉娜的女儿创作的《妈妈工作在河钢》在“河钢十年书画展”中获奖了。白莉娜更是难掩激动之情。因为是中国人的到来，改变了她一家人的命运。

曾经，斯梅代雷沃钢厂连续 7 年亏损，工人们的收入持续下降，白莉娜的爱人离开了斯梅代雷沃钢厂，四处寻找工作。2016 年 4 月 18 日，河钢集团出资 4600 万欧元收购斯梅代雷沃钢厂，不仅当年即全面盈利，保证了 5000

多名当地员工的就业，而且每年还能新增 200 个就业岗位。白莉娜的爱人回来了，女儿也盼望着长大后到河钢塞钢工作。

在“一带一路”上，为人称道的案例还有许多。

2014 年 5 月，马钢以资产收购的方式收购了法国瓦顿公司。2018 年 7 月，马钢 160 件设计时速 320 千米的高速车轮在马钢瓦顿股份有限公司（法国）重新包装后，顺利运抵德国铁路公司，准备装车运行。世界高铁车轮市场从此有了“中国造”。马钢也成为国内首家向海外出口高速车轮的企业。

2017 年 5 月 29 日，由中冶赛迪集团总承包建设的台塑集团越南河静钢厂 1 号高炉点火，标志着中国首次特大型高炉核心技术、装备和项目管理模式整体出口的样板工程成功投产。

大国钢铁的风采与担当，正在进入世界的眼帘。

4. 完胜“337 调查” 中国钢铁必将更高更强

印度尼西亚青山园区镍铁、不锈钢冶炼项目（中国冶金报社提供）

2018 年 3 月 19 日，美国国际贸易委员会（ITC）裁定终止原告美国钢铁公司对中国钢铁的“337 反垄断调查”。至此，经过近两年艰苦卓绝的努力，中方在“337 调查”中的反垄断、盗窃商业秘密、虚构原产地三个诉点上全部胜诉。

这是一次意义非凡的胜利，充分体现了中国钢铁人不畏挑战，团结应诉，敢于斗争，敢于胜利的行业特质。

那是2016年4月26日，美国钢铁公司指控部分中国钢铁企业生产、销售的部分产品存在不公平贸易行为，要求ITC启动“337调查”，禁止中国出口相关被诉产品到美国。2016年5月26日ITC公告启动调查。

消息传来，中国钢铁工业协会当即号召中国钢铁企业积极应对，钢铁企业纷纷发表声明奋起抗辩。

2016年12月8日，在正式开庭之前的中美双方见面和解会上，面对美方代表及其律师傲慢的态度和苛刻的“和解”条件，7家中国应诉企业代表和代理律师坚决说“不”，下定决心“为荣誉而战、为正义而战”。

中国钢铁的胜诉，为各行各业应对贸易摩擦积累了丰富的经验，进一步坚定了反对贸易保护主义的信心和决心。同时，也彰显了走过改革开放40年光辉历程的中国钢铁工业的综合实力和核心竞争力。

中国钢铁工业协会党委书记兼秘书长刘振江指出：“我们不会恐惧，也不会束手无策，坚信占全世界半壁江山的中国钢铁工业的实力。我们不怕风吹浪打，一定会更高更强！”

五、绿色钢铁　一切为了响应人民期待

钢铁行业是改革开放以后节能环保意识觉醒较早的行业，而且一度走在工业领域的前列。早在1978年，鞍钢就提出“大打环保仗”，实施了八大环保改造工程。20世纪90年代，济钢实施了以“四全一喷”“四闭路一循环”为代表的节能降耗和内涵挖潜等创新措施，主要技术经济指标位居行业前列。

但是，近年来，资源环境约束日紧、百姓对蓝天白云期待日切，钢铁人感到了前所未有的压力。

2013年、2015年和2016年，国务院分别印发《大气污染防治行动计划》《水污染防治行动计划》《土壤污染防治行动计划》。

2015年1月1日，“长了牙齿的法律”——新《环境保护法》开始施行。

2015年7月份，中央深改小组第十四次会议审议通过了《环境保护督察方案（试行）》。从2015年底中央环保督察巡视在河北试点开始，环保问责风暴席卷全国。

2017年2月17日，环保部发布了《京津冀及周边地区2017年大气污染防治工作方案》，首次将通道城市简称为“2+26”城市，并对这些城市提出

了实施特别排放限值的要求。

2018年1月1日，《环境保护税法》开始施行。当月，生态环境部印发《关于京津冀大气污染传输通道城市执行大气污染物特别排放限值的公告》，对重点地区的钢铁等几个行业的污染物排放做出严格限制；5月，生态环境部又印发了《钢铁企业超低排放改造工作方案（征求意见稿）》，污染物排放标准较特别排放限值更为严格。7月3日，国务院印发《打赢蓝天保卫战三年行动计划》，重点区域除“2+26”城市外，新增长三角地区和汾渭平原。

当年，“亿吨钢铁壮国威”，是人民的期待；今天，打赢蓝天保卫战，同样是人民的期待。2011年5月24日，宝钢发布《绿色宣言》《产品环境声明》，表达中国钢铁企业践行绿色理念、做绿色产业链驱动者的决心。响应人民的期待，中国钢铁人开始了新一轮从发展理念到发展方式的自我革命。

1. 唐钢绿色转型　中国有能力打造世界上最清洁的钢厂

河钢唐钢厂区（中国冶金报社提供）

“解放思想，颠覆习惯”。这是河钢集团唐钢实施“绿色转型”带给人们的重要启示。

2008年世界金融危机爆发后，河钢唐钢和其他钢铁企业一样，生产经营受到巨大冲击；同时由于环境压力，城市钢厂一度面临搬迁的命运。但是，“绿色转型”使唐钢焕发了勃勃生机。他们提前关停拆除了一批落后装备和生产线，拆除了一批无序建筑、规划外建筑，并将腾出来的区域全部用来绿化，建设花园式工厂，新增绿化面积达36万平方米，整个唐钢的绿化覆盖率由21%提高到42%。2008~2010年，唐钢节能减排累计投资26.8亿元，重点实施26项节能减排项目，实现了外购生产用新水为零和废水零排放，二次能源利用水平也达到行业一流。“绿色转型”使职工的精神面貌焕然一新，也直接带动了效益的提升。

唐钢“绿色转型”引起了业界强烈反响。至2010年底，去唐钢参观、考察和学习的人已有一千多批、一万多人次。时任中国钢铁工业协会党委书记兼副会长刘振江指出，唐钢用自身的尝试为中国钢铁企业转方式、调结构探索出了一条道路，而且更进一步说明，中国有能力打造世界上最清洁的钢厂。

2. 安钢打赢“第二场生存保卫战”　绿水青山就是金山银山

2012年，安钢集团生产经营困难重重，自改革开放以来首次出现亏损。2014年初，安钢集团在全面打响生存保卫攻坚战的同时，提出了把环保攻坚当作“第二场生存保卫战”。

面对“2+26”城市排放限值的新要求，2017年3月，安钢下决心集中启动了总投资30亿元的环保提升项目建设，每年可减少颗粒物排放3200吨、二氧化硫2700吨、氮氧化物5500吨，减排比例分别为71%、60%、76%。安钢集团也因此成为国内第一家实现全干法除尘的钢铁联合企业，主要工序环保治理效果全部达到世界一流、国内领先水平。

同时，安钢集团经营业绩逐年向好，2017年实现利润20.6亿元，创历史最好纪录。安钢用实践为“绿水青山就是金山银山”添加了醒目的注脚。

如今，一批优秀企业的节能环保工作已达世界领先水平。2017年，重点钢铁企业吨钢耗新水量为2.93立方米，比2016年下降5.27%；水重复利用率达97.80%，比2016年提高0.06个百分点；二氧化硫、烟粉尘排放总量和吨钢化学需氧量分别比2016年下降或减少3.69%、7.34%和2.96%。

六、英模辈出　钢筋铁骨铸忠魂

1. 李双良　工人阶级主人翁

1983年，太钢生产排渣告急。太钢加工厂60岁的干部李双良，带上3个儿子，拿着皮尺，一尺一尺地丈量渣山，盘算出了一个从渣山里回收废钢的方案。很快，在地方和企业的支持下，李双良组成了一支近千人的包工队伍，上渣山挖废钢。六七年间，李双良带领职工把堆积半个多世纪的渣山搬掉了

李双良（1923~2018年）（中国冶金报社提供）

4/5，累计回收废钢铁50多万吨，创造了8000余万元的财富，还把渣场建成了一座美丽的大花园。李双良先后获得了“八十年代愚公”、全国五一劳动奖章、联合国环境规划署“全球500佳”等荣誉称号。

1990年1月22日，时任中共中央总书记江泽民为李双良题词：“学习李双良同志一心为公、艰苦创业的工人阶级主人翁精神，把太钢办成第一流社会主义企业”。时任冶金工业部部长、党组书记戚元靖为李双良治渣的现场题写了“太钢渣场”4个大字。

2. 曾乐　中国知识分子的光辉典范

“前20年，人家是拼了命的。我要赶上去，也只有拼命。”曾乐，面对精密焊领域与国外20年的差距，他这样说。

在小小的办公室兼寝室里，曾乐开始了精密焊的最初探索。当得到了有3个窗户的一间平房时，他便正式亮出了“精密焊接实验室”的牌子，开始了向世界先进水平的冲击。后来，宝钢把这个实验室命名为“曾乐实验室”。

“我决定彻底治疗3个月，回来完成我的另一个大目标——建立中国的易焊钢系列。”曾乐，在得知自己患上肝癌时，他这样说。

曾乐（1932~1996 年）（中国冶金报社提供）

从 1991 年初夏到 1996 年早春，是曾乐与病魔抗争的 6 年，也是他继续报国奉献的 6 年。6 年中，他撰写了 8 万字的《精密焊接》一书，主编了《现代焊接技术手册》，中国易焊钢种一个个地在他手下诞生，填补了多项国内空白。

1996 年 6 月 20 日，冶金工业部做出《关于进一步开展向曾乐同志学习的决定》。《决定》强调，曾乐同志是工人阶级的优秀代表，是工程技术人员的楷模，也是广大党员和干部的光辉典范。

曾乐，永远是钢铁人心中自强与奉献的精神丰碑！

3. 郭明义　书写新时代的雷锋故事

“雷锋、郭明义、罗阳身上所具有的信念的能量、大爱的胸怀、忘我的精神、进取的锐气，正是我们民族精神的最好写照，他们都是我们‘民族的脊梁’。”2013 年，习近平总书记在参加全国两会辽宁代表团审议时说。

“当代雷锋”郭明义，现任鞍钢集团矿业公司齐大山铁矿生产技术室采场公路管理业务主管，全国总工会兼职副主席。有人帮郭明义算过一笔账，到 2010 年，20 年间，他累计无偿献血达 6 万多毫升，相当于他身体全部血量的 10 倍；16 年间，资助 180 多名贫困学生，资助金额达 12 万多元。2010 年，时任中共中央总书记、国家主席胡锦涛为他做出批示：助人为乐的道德模范，

希望工程郭明义爱心联队亲情见面会上，郭明义和他资助的 25 名学生合影
（中国冶金报社提供）

新时期学习实践雷锋精神的优秀代表。

2009 年 7 月，郭明义发起成立郭明义爱心团队。据不完全统计，至 2017 年，郭明义爱心团队遍布全国 30 多个省（直辖市、自治区），志愿者将近 72 万人，已累计捐款 300 多万元，援建希望小学 5 所，资助困难学生 5000 多人次，无偿献血 200 多万毫升，捐献造血干细胞血液样本 4000 多例。

2014 年 3 月，习近平总书记给“郭明义爱心团队”回信，鼓励他们以实际行动书写新时代的雷锋故事，为实现中国梦有一分热发一分光。

2018 年 11 月 26 日，郭明义上榜《关于改革开放杰出贡献拟表彰对象的公示》名单。

2010 年 9 月 30 日，中国钢铁工业协会党委书记兼副会长刘振江撰写的署名文章《向郭明义同志学习，创先争优，构建和谐，为推动钢铁工业科学发展作出更大贡献》指出，郭明义体现了中国钢铁精神在新时代的传承。

不错！从老英雄孟泰、“走在时间前面的人”王崇伦、“勇攀高峰”的马万水工程队，到见义勇为的女英雄白雪洁，再到孔利明、王军、韩明明、王康健、曹雁来、李刚等一大批工人发明家、大国工匠，再到 2015 年获得中宣部“时代楷模”称号的李超……中国钢铁人集结在党的旗帜下，“爱岗敬业、志在报国、艰苦奋斗、自强不息、勇于创新、争创一流、淡泊名利、甘于奉献”的钢铁精神代代传承。

党的十八大以来，中国钢铁人认真落实加强党的建设、全面从严治党的各项要求，取得了前所未有的成果。2016年10月，在全国国有企业党的建设工作会议上，安钢集团做了“实行‘四个三’党建工作法为企业解危脱困转型发展提供动力保证”的典型发言。此后，中国冶金政研会在安钢举行学习“四个三”座谈会，河南省两次举办省管企业学习“四个三”现场交流会，多家单位到安钢参观学习。同时，鞍钢党委扛起管党治党主体责任并制订了《建设鞍钢廉洁地图指导意见》，马钢独创了“矩阵式党建”工作法，南钢探索总结出一套适合混改企业的党建新模式“卓越党建模式”，华菱湘钢则大力培育“以奋斗者为本”的核心价值观，为企业改革发展稳定凝聚强大正能量。

党旗高扬强自信，钢筋铁骨铸忠魂。如今，谋事创业、风清气正的崭新风貌正扑面而来，为钢铁工业由大向强的转变汇聚起新的磅礴力量。

4. 刘汉章　知难而进　一往无前

刘汉章（1936~2009年）（中国冶金报社提供）

20世纪90年代初，处于计划经济向市场经济转型期的国有企业如何改革？“出路”在哪？邯钢率先找到“答案”：把市场机制引入企业内部经营管理。

时任邯郸钢铁总厂总经理刘汉章提出“模拟市场核算，实行成本否决”时，钢材价格每吨陡跌400元以上，邯郸连续数月亏损。当时，刘汉章给总会计师出了个题目：做一个保证邯钢所有产品都不赔钱的成本指标。做出来后，分解到处室、分厂、车间及至个人，指标总数达 10 万个；将指标完成情况与利益挂钩，使每个职工有家可当，有财可理，有责可负，有利可得。这一制度从 1991 年 1 月正式实施就立竿见影，盈利不断攀升，贡献突出的职工年收入大幅增加；从 1991 年到 2000 年，邯钢投入技改资金超过 100 亿元。邯钢人这样评价："没有刘汉章，邯钢今天可能还是一个不知名的中小钢厂。"

在全面深化改革的今天，国有企业供给侧结构性改革仍须回答"如何改革""出路在哪"的问题。面对不一样的背景和改革课题，学习推广邯钢经验仍具时代内涵：坚持以市场为导向，围绕客户需求不断提升企业竞争力，加强内部组织管理，激发员工责任感，推动企业不断发展壮大。这也是刘汉章身后留下的宝贵精神财富。

5. 黎明　超越先进　勇立潮头

黎　明

2017 年 9 月 15 日，在《黎明与宝钢之路》一书首发式上，90 岁的原宝钢集团董事长黎明亲手向青年代表赠书。原冶金工业部政策法规司司长董贻正看过该书后在《中国冶金报》上刊文谈道："黎明同志为宝钢的建设和发展奉献出15年的宝贵年华。他对我国钢铁工业健康发展做出的贡献，值得学习，也启发我们要不断超越先进、勇立潮头！”

1983年，黎明来到宝钢，“我来到宝钢时，正是一期恢复建设之时。当时，我在厂里走上一圈，据说是第二个绕厂一周的人，第一个人走的时候掉到水沟里去了”。虽以轻松的语气回忆初到宝钢的时光，但他当时内心的压力可想而知。随后，他组织指挥了宝钢一期、二期工程建设和生产达标，开始三期工程建设，实现设备国产化率从一期12%到三期88%的提升；在他的统帅下，宝钢在全国率先推行减员增效等现代化管理体制；在他的主导下，确立了宝钢标志性的战略产品——高等级汽车板，开辟了一条宝钢人自主集成创新发展之路。正如黎明所说“有了自己的东西，才有底气，说话才硬气”。在他的带领下，宝钢人坚持可持续发展，建设生态型工厂。

以黎明为代表的宝钢人创造的“宝钢精神”证明，我们有足够的底气树立道路自信，并坚定地走下去。

6. 沈文荣　奋斗前行　钢铁报国

沈文荣（中国冶金报社提供）

2018年10月24日，中央统战部、全国工商联共同发布了“改革开放40年百名杰出民营企业家”名单，沙钢集团董事局主席沈文荣榜上有名。

40多年前，改革开放春潮乍起，沈文荣带领沙钢从一个乡镇企业的小轧钢车间起家，凭着敏锐的市场洞察力迅速发展壮大。当时，苏南农村兴起一股建房热，钢门窗成为市场紧俏货，但这种产品大钢厂不愿生产，小钢厂生产不了。沈文荣敏锐察觉到，这是一个好机会，毅然决定选择钢窗料作为拳头产品。仅仅5年后，沙钢就成为国内品种规格最齐全、年产量和销售量最高的专业生产企业。此后，沙钢瞄准市场需求，引进世界一流技术和装备，不断调整产品结构，提高创新能力，迅速成长为全国最大的民营钢铁企业、国家创新型企业、世界500强企业。

沙钢的发展传奇，是中国钢铁工业破茧化蝶的生动注脚，而沈文荣的奋斗故事，堪称中国民营企业家产业报国的精彩缩影。回顾沙钢从一个籍籍无名的小作坊发展为世界500强企业的历程，沈文荣动情地说：“是党的改革开放政策造就了沙钢，也圆了我的钢铁报国梦！”

七、接力奋斗　向着既大又强的钢铁现代化迈进

2018年，站在改革开放40周年的时空节点，站在中国特色社会主义进入新时代的历史方位，回望来路，洪波涌起；展望前路，蓝图漫卷。

回首40年的发展，我们收获了一系列深刻启示和宝贵经验。我们最深刻的启示是：坚持和加强党的全面领导，是推动钢铁工业健康可持续发展的根本保证。我们最宝贵的经验是：解放思想、实事求是、勇于实践、持续创新，将改革开放进行到底，是钢铁工业实现既大又强目标的根本路径。

审视今天的钢铁工业，我们还有不少顽瘴痼疾待破。我们最大的教训是：短缺经济时代形成的粗放的发展理念和发展方式还没有得到彻底荡涤。

我们应该看到，深化供给侧结构性改革任重道远。钢铁产能严重过剩矛盾虽有初步缓解，但产能扩张的冲动仍然强劲；思想观念的束缚、利益固化的藩篱仍然制约着提高产业集中度、调整产业布局的步伐，制约着现代市场体系的建设，制约着完善现代企业制度、健全法人治理结构等一系列企业改革的深化推进；安全、法治、诚信的理念还没有渗透到企业组织的每个细胞中。

我们应该看到，创新驱动发展战略还有待进一步落地。钢铁工业尚未完全摆脱关键、核心技术追随者的角色，基础研究、前沿技术和共性关键技术研发存在一定差距；创新体系建设、创新型和领军型人才培养仍在路上。

我们应该看到，质量时代的质量价值观还没有真正深入人心。我国一些钢材产品在品种、质量、服务等方面还缺乏竞争力，在提高产品质量稳定性的工艺技术研发、精益管理，以及企业家精神、工匠精神的培育等方面还要付出更多努力。

我们应该看到，参与和引领国际经济合作竞争的新优势还有待进一步培育。大国钢铁的品牌意识、责任意识需要进一步增强，钢铁工业互利共赢的资源供需机制还没有建立起来，能够引领国际钢铁创新发展的世界一流的钢铁企业集团还处于呼之欲出的阶段。

我们应该看到，绿色发展理念还没有内化为企业生存发展的本质需要，先污染后治理的窠臼还没有被彻底打破。钢铁企业间节能环保水平参差不齐，区域钢铁总量与环境容量、承载能力的矛盾仍然突出，节能环保、循环经济、绿色制造技术的研发和应用体系还没有建立起来，钢铁企业和钢铁产品的绿色价值还有待进一步挖掘。

我们应该看到，适应新时代我国社会主要矛盾的转化、发展阶段的转向，进一步深化改革开放，推进结构调整、转型升级，实现钢铁工业高质量发展，还会触及更多深层次的利益关系和矛盾，非壮士断腕的勇气和凤凰涅槃的决心不能克难制胜。

展望新时代的新征程，中国钢铁人将更加勇毅笃行，将改革开放进行到底。

以党的十九大精神为指引，2018 年 7 月，中国钢铁工业协会正式发布《中国钢铁工业转型升级战略和路径》研究报告，提出了提前 5~10 年率先实现既大又强的钢铁现代化，以支撑 2035 年基本实现中国特色社会主义现代化的总目标。中国钢铁人重任上肩。

让我们紧密团结在以习近平同志为核心的党中央周围，深入学习贯彻习近平新时代中国特色社会主义思想，践行“创新、协调、绿色、开放、共享”五大发展理念，接力奋斗，推动钢铁工业加快实现高质量发展，在实现“两个一百年”奋斗目标的征程上焕发新时代的钢铁荣光。

参考文献《中国钢铁工业改革开放30年》《中国钢铁工业转型升级战略和路径》《中国钢铁工业发展报告（2018）》《中国冶金报》60年历史数据库、《中国的钢铁》（张训毅著）、《中国钢铁未来发展之路——减量创新转型》（李新创著）。

（原刊于《中国冶金报》2018年12月18日6版、7版、10版、11版，记者 陆闻言 陈 琢）

第一节 行 业 篇

一、钢铁还未强国 同志仍需努力

——徐匡迪谈改革开放40年中国钢铁工业经验教训及未来发展路径

2019年是改革开放40周年，中国钢铁工业经过40年的发展，发生了翻天覆地的变化，取得了举世瞩目的发展成就。7月12日，第十届全国政协副主席、中国工程院原院长、上海市原市长、中国工程院院士徐匡迪，就中国钢铁工业改革开放以来的成就及相关问题在上海接受了《中国冶金报》记者的专访。

改革开放40年来，中国钢铁工业实现了由弱到强、由小到大的转变。徐匡迪认为，这些成就得益于邓小平同志倡导的改革开放。“邓小平同志改革开放的思想在我们钢铁工业贯彻得比较彻底。”徐匡迪一开场就表示。

钢铁工业40年来主要改革成就及原因

40年来，中国钢铁工业发展发生了巨大变化，积累了许多宝贵的经验，如首钢率先推行的承包制、邯钢经验、建设宝钢等。这些中国钢铁工业发展史上里程碑式的事件，使中国钢铁工业快速发展壮大起来。

首钢的前身是成立于清朝末年的一家典型的官办企业，抗战时是日本人的制铁所，以炼铁为主，有部分铸钢，但数量很少。1981年7月，在国务院和北京市政府的支持下，首钢改变了之前国家与企业之间分成的办法，实行承包制，即全年上缴利润2.7亿元定额包干，超过的利润全部留给企业，并按照生产发展基金60%、集体福利基金20%、个人消费基金20%的比例分配使用。那年，正值国家经济调整，要求首钢减产铁29万吨、钢7万吨。经测算，1981年全年利润只能达到2.65亿元，即使全部上缴，也达不到上缴利润2.7亿元的水平，再加上又是在时过半年以后开始实行承包制，回旋余地较小。但首钢认为，通过承包能进一步调动广大职工的积极性，这一指标经过努力是可以突破的。结果，首钢当年实现利润3.16亿元，完成上缴任务后，企业留利4000多万元。

"首钢的改革改变了过去企业领导'官本位'的办法，真正实现了谁行谁就上、谁不行谁就下的用人制度，打破了传统意义上干部与工人的界限。"尽管过去几十年，徐匡迪仍记忆犹新。

对20世纪90年代在全国推行的"邯钢经验"，徐匡迪也给予了高度评价。

"邯钢经验"形成于1990年，那时钢铁行业第一次碰到产销矛盾。当时钢铁行业快速发展，由于无序竞争导致产量略有过剩，又恰逢亚洲金融风暴，许多钢铁企业不适应市场经济。邯钢采取成本倒逼机制，实行成本否决，模拟市场价格核算，将成本与效益、效益与分配挂起钩来，形成"千斤重担众人挑，人人肩上有指标"的局面。

"改革开放40年来，我国钢铁行业的快速发展壮大，既不是靠政府投钱，也不是靠外资投资，而是通过行业自身进行改革挖潜、改变经营模式、提高生产效率，同时对外开放吸收国外先进技术的结果。"徐匡迪说道。

徐匡迪介绍，改革开放初期，我国钢铁行业的技术、工艺装备落后。这主要由于解放初期，由苏联援建的大型钢铁企业，如鞍钢、武钢、包钢等，主要采用高炉、大平炉为主的长流程生产；一些地方钢铁厂使用小型侧吹转炉技术，这些小型侧吹转炉一般都只有6吨、8吨，最多20吨的小吨位。

"平炉炼一炉钢需要6~7小时，而小转炉产量又太低，所以才有了'三打两千六'。"谈及此，徐匡迪仍掩饰不住内心遗憾。事实上，1955年、1956

年，发达国家氧气转炉已经规模投产，炼一炉钢只用40分钟左右，炼钢效率大大提升。到20世纪80年代，日本钢铁业的氧气转炉占到70%~80%，剩下20%左右都是电炉，平炉已基本被淘汰。但改革开放初期的中国只有平炉和小型侧吹转炉，生产工艺、设备落后，工艺过程又不连贯，炼钢与轧钢脱节，断续生产、轧材多次反复加热，不仅能耗高，而且生产效率低。

正是认识到技术、工艺装备方面的差距，所以在改革开放初期，中央决定由国家投资、按照当时世界上最先进的技术标准建一座现代化钢厂——宝钢。当然，在这之前已有武钢1.7米轧机等新技术和新设备的引进。这样，就使整个生产过程的各个环节能有效衔接，大大提高了生产效率和产品质量。我国粗钢产量1990年达到了6535万吨，1996年突破1亿吨，成为世界第一大钢铁生产国。

“回顾1978年到20世纪90年代，我国钢铁工业取得巨大变化的原因，一是经营管理的改革，改变了国有企业机构重叠、人浮于事、效率不高、吃‘大锅饭’的情况；二是对外开放，引进国外先进设备来逐步改造、更新国内的落后设备；三是技术进步，生产流程的合理化；四是党的坚强领导，十四大以后，制定了明确的技术进步路径和方针。”徐匡迪总结说。

“过去40年，我感觉钢铁行业最深刻的变化就是设备更新换代，平改转、模铸改连铸、取消了开坯机，进而又使轧制连续化。”今非昔比，令徐匡迪无限感慨。

中国钢铁工业发展过程中的经验教训

有成功经验，自然也就有深刻教训。

徐匡迪坦言，中国钢铁工业经过改革开放40年的发展，尽管取得了巨大的成绩，但也存在着不少问题，其中最重要的问题有3个。

一是，钢铁工业发展初期没有严格按照生态环保的要求健康绿色发展。中国钢铁工业在发展过程中对生态环境的保护重视不够，且钢企多位于大中型城市周边，依旧走上了发达国家工业化进程中先污染后治理的道路。徐匡迪说：“过去钢铁行业发展片面追求规模与高产，忽视了对生态环境的保护，现在钢铁行业再来补环保这一课很难。但是，不管多难也一定要补，因为我们的发展最终是为了让人民过上美好的生活。”

“现在宝武湛江基地在选址时就进行过3次论证，专门对厂址所在的东海岛的气候、风向进行过研究。由于风向原因，宝武湛江钢铁基地产生的废气大都会被吹向北部湾的海上稀释扩散，不会对湛江的城市环境造成污染。”徐匡迪说。

二是，钢铁工业发展初期只考虑短期的供需效应，没有考虑合理布局。当年北京、上海等城市进行大规模基本建设，造成目前河北、江苏地区有大量的钢铁厂。“钢铁行业现在不考虑布局，最终要吃苦果。”徐匡迪语气凝重，“抗美援朝时期，为了满足重工业和军工发展的需求，我们在东北建了很多钢厂。不仅污染严重，而且随着时代变迁，东北钢铁工业产能过剩严重，所以布局的问题一定要考虑。当前河北省钢铁产量过高是个难题，江苏省也面临同样的问题。”中国钢铁工业发展的基础是我国经济的高速发展、城市化建设的加快，但当城市化达到一定程度后，对钢铁的需求就会逐渐减少，产钢大省的钢材怎么运出去成为亟待解决的问题。

“从国际上来看，陆上运输钢铁的合理销售半径是300千米以内。目前，1吨钢的铁路运输成本约1元钱。”徐匡迪说，“下一步，中国的发展重点是中西部地区和三、四线城市的基本建设，但钢铁工业目前主要集中在东部沿海。所以，钢铁工业的布局将显得尤为重要。”

徐匡迪指出，在湛江南面东海岛建设宝武湛江钢铁基地就走出了一条新路子，既节省了从澳大利亚、巴西等地进口铁矿石1000千米的运输成本，又解决了珠三角地区缺少钢铁的问题。珠三角地区是我国汽车和家用电器的三大制造中心之一，有巨大的板材市场，过去只能靠从华东、东北、武汉长途运输。此外，宝武湛江基地建成后，要逐步把炼铁、炼焦这些铁前工序转移到湛江基地，上海的宝山基地、武汉的青山基地只做热轧板和冷轧板，满足上海、武汉地区的市场需求。这样做不仅可以降低成本，还遵循了绿色发展的要求，可大大改善上海、武汉的大气环境。

三是，中国钢铁工业面临工艺流程再造的问题。“现在中国钢铁行业长流程占比近90%，而美国、欧盟短流程已经占到40%以上，美国生产普通钢材主要的流程就是用短流程的电弧炉冶炼，炉外精炼然后就轧制。”徐匡迪表示，“如果我国钢铁工业工艺流程再造成功，一方面可以降低对国外铁矿石的依存度，另一方面可以大大减少排放，符合绿色发展的要求。用短流程炼钢，还可以调峰运行，解决能源供应的峰谷问题和环境问题，同时降低能耗。在当前技术水平下，如果企业有自有电厂，长流程生产 1 吨成品钢要消耗 700 多千克标煤，而短流程只需消耗其 60%左右。此外，工艺流程再造将产生出很多新的产业，如废钢回收和加工等产业。”

钢铁行业高质量发展的主要路径

改革开放使中国成为世界钢铁大国。不过，走进新时代，站在新的历史起点上，高质量发展是中国由钢铁大国向钢铁强国转变的必由之路。

“纵观全世界钢铁工业的发展路径，中国钢铁工业实现高质量发展，有两条路要走，一是必须走钢铁工业专业化、对口工业化的道路。二是要在钢铁工业内部大力弘扬工匠精神，使每道工序、每个岗位的操作者都能精益求精。”徐匡迪强调。

“从量的增长到质的提高，钢铁工业一定要加强对钢铁工业的技术研究和与最终用户的联系，即专业化、对口化。”徐匡迪认为，“不仅仅是加强对钢铁生产流程的工艺研究，更要加强对钢铁产品品质提高的深入研究。”徐匡迪特意强调，如我国现在一些高级特殊钢和国外差距还比较大，我国高铁的轴承需要进口，一些航空航天、重要的武器装备、精密仪器的原器件用钢也还需要进口。大家都知道轴承钢的寿命和清洁度有关，但到底是什么样的夹杂物会影响清洁度，其形态、数量等都有待进一步研究、掌握。

徐匡迪举例道：“世界上最有名的轴承企业——瑞典的 SKF 就有自己的钢厂，炼钢完全为生产轴承服务，也就是轴承厂办钢厂。”

“钢铁厂和最终用户的关系非常重要，最好有直接的联系纽带。即使没有，供货方和用户也应该有某种联系，因为行业划分不是很合理，这就要求我们国家在体制上深化改革。”徐匡迪呼吁，“在体制上做创新，比如现在不能把钢铁企业和机械制造企业完全合在一起，但至少可以先加强横向的紧密联系。”

“钢铁工业要实现高质量发展，还需要大力弘扬工匠精神。”徐匡迪表示。

讲到工匠精神时，徐匡迪笑着给我们讲了一个小故事。德国大众汽车刚刚进入中国市场时，在上海建立了一个合资工厂。第一年，这家工厂生产了7500辆汽车，质量评估时排名第二；第二年，生产了15000辆汽车，质量评估时排名第四；到了生产35000辆汽车时，质量评估时排名第六。因为汽车在出厂测试时，总会发生汽车跑偏的情况。同样一批人、同样的零部件、同样的工艺生产同一件产品，质量何以发生这么大的变化呢？通过调查发现，安装轮胎的工人在用电动风钻拧螺丝的时候，没有严格执行工序要求——螺丝拧紧后再压紧10秒钟，就这一个小小的细节致使最后生产出来的产品出现质量问题。

“工匠精神是一种职业精神、职业道德，更是一种在平凡的工作岗位上精益求精、持之以恒的精神，也是一种把简单的工作做到极致的精神。”徐匡迪强调，“改革开放以后尊重知识、尊重人才，这是完全正确的，但还要尊重工匠、尊重第一线的操作人员，尊重他们的劳动。钢铁产品质量的稳定提高，需要人工智能，需要自动化，但人的因素还是最主要的。”

中国钢铁还没有引领世界钢铁的发展

改革开放40年，中国钢铁工业成绩斐然，但在徐匡迪看来，还未达到引领世界钢铁工业的地位。

“无论是在质量、效率上，还是在管理的精细程度上，中国钢铁与世界先进水平还差得比较远。”徐匡迪坦承。

“中国钢铁在总量上占绝对优势，现在约占世界钢产量的50%，这样的情况持续下去一定会出现严重过剩的问题。”徐匡迪表示，“因为影响钢铁产量的原因有3个，即基础建设、制造业、国家领土面积。”

纵观世界钢铁发展史，二战后，日本和德国的钢铁工业发展都很快，因为战后重建需要大量的钢材。但现在每年的钢产量都只有最高时期的一半。可见，基础建设是钢材需求的重要拉动力。拉动钢铁发展的第二个动力是制造业，但产业结构严重影响钢铁需求。如果钢铁主要用于汽车、轮船、工业装备，而且出口世界各地，那钢铁需求就比较大；如果像法国，GDP主要靠奢侈品、高档服装、化妆品拉动，钢产量就只有1000多万吨。随着人民消费水平和欣赏眼光的提高，中国制造业的结构一定会发生变化。第三就是我国幅员辽阔，市场大，基础设施多，中西部还需要建铁路、桥梁、隧道，但假以时日，这方面需求会逐步减少，对钢铁的需求也一定会减少。

日本、韩国最大的钢铁出口量来源于二次出口，即钢铁变成了汽车、轮船、家用电器等大量出口。“如果把钢铁工业延伸到消费品领域，中国钢铁还没有领先世界。”徐匡迪指出，“关键的东西还需要进口。比如，我国高铁采用的是世界领先技术，但目前只解决了高铁车轮用钢问题，轴承用钢等关键问题仍未解决。”

“钢铁还未强国，同志仍需努力！”徐匡迪语重心长地嘱咐道。

（原刊于《中国冶金报》2018 年 7 月 25 日 1 版，记者　陆闻言　何惠平）

二、雄关漫道真如铁　而今迈步从头越

——殷瑞钰对改革开放 40 年中国钢铁工业技术发展成就回顾

1978 年 12 月 22 日，党的十一届三中全会胜利闭幕，拉开了改革开放的大幕，吹响了全党、全军、全国人民以经济建设为中心的号角。当时，我作为唐钢的代表出席了全国冶金群英会，聆听了冶金工业部领导传达十一届三中全会的精神，感到无比兴奋，中国富强有望了！

自十一届三中全会起，我国开始实行对内改革、对外开放的政策。随后，一系列相关政策相继出台，逐步落实：落实知识分子政策，强调知识分子是工人阶级的一部分；强调科学技术是第一生产力；以“四化”（革命化、年轻化、知识化、专业化）为标准调整各级领导班子，起用中青年知识分子干部，一批 20 世纪五六十年代毕业的知识分子干部，特别是科技人员走上了领导岗位；大力推进科技进步、企业技术改造、对外技术交流，引进先进技术装备，同时整顿企业，加强企业管理和发展规划等。我有幸经历了这伟大的改革开放 40 年，目睹了 40 年的伟大成就，特别是中国钢铁工业在技术方面取得的成就。

改革开放初期——关键共性技术取得全国性突破

1978 年，全国粗钢产量只有 3178 万吨，钢厂的生产流程结构和工艺装备水平尚处于落后状态，具体表现为：炼铁大多是几百立方米中小型高炉，入炉原料品位低，能耗高，生产效率低；炼钢以平炉、侧吹转炉为主，生产效率低，能耗高，质量不稳定；浇铸成型全都是模铸，质量差，劳动强度高，生产效率低；轧钢都是通过初轧/开坯工序，二火成材，成品轧机以横列式、往复式轧机为主；缺乏大型高炉、大型转炉、二次精炼设备、连铸机、连轧机等先进工艺装备，更缺乏先进钢铁制造流程技术。钢铁产品则以“面条、裤腰带”（即螺纹钢、盘条和窄带钢等）为主，缺乏现代化的板管材。

20 世纪 80 年代，钢铁工业开始抓全面质量管理（TQC）、节能评比，提倡系统节能；开展新产品攻关，特别是国防军工产品，科技进步迈出了新的步伐。一些企业开始引进连铸机、高速线材轧机、棒材连轧机，迈开了装备现代化的步伐。宝钢的投产运行展示了现代化钢厂生产流程和专业化生产方式的特点，展示了一系列质量保证、能源节约、环境保护的现代化工艺和高水平的装备，展示了现代化钢厂的管理模式。不过，在 20 世纪 80 年代中后期，全国不少钢铁企业仍然处在生产效率低、能耗高、环保水平低、产品质量较差等落后状态。总之，大多数钢厂缺乏可持续发展能力和市场竞争力。

20 世纪 80 年代末，中国钢铁工业开始重视连铸技术的发展，提出了“以连铸为中心”的生产技术方针，通过“以连铸为中心，炼钢为基础，设备为保证”的指导方针促进连铸机达产，通过“炼钢—炉外处理—连铸”三位一体的工艺流程大力提高连铸比，进而推动全连铸钢厂的建设、改造。

连铸技术的发展，充分发掘了转炉炼钢的生产潜力，不少转炉的产量成倍提高。不过，这也引发了高炉铁水、焦炭供应不足的问题，我国钢铁企业因此认识到高炉喷吹煤粉、高炉长寿技术已经成为大多数钢厂的关键共性技术。20 世纪 90 年代初，全行业对这两项技术开展了自主攻关，实现了高炉利用系数、高炉作业率明显提高，高炉焦比大幅度降低，使得炼铁产量可以和炼钢的增产相适应，同时降低了成本、能耗。

在连铸技术得到快速发展的基础上，为了提高轧钢的生产率和成材率、降低能耗、提高产品质量，我国钢铁工业将发展连轧技术提上了日程。当时棒、线材产量占全国钢材产量的60%以上，大多数钢厂都有此类生产线，也是当时市场的主要产品。因此，以棒材连轧机国产化、高速线材连轧机国产化为突破口的连轧机攻关和提高长材连轧比等系列攻关在我国开展起来，并逐步推广，提高了成材率、产品质量、生产效率，降低了能耗、成本，并且与连铸技术协同配合，促进了钢厂生产制造流程的结构性升级。

在关键共性技术取得全国性突破的同时，各钢厂逐步开展了以建立先进工艺流程、淘汰落后工艺装备为主的结构性系统节能工作。于是，一批先进的工艺装备得到发展，如连铸机（多炉连浇、热送热装等）、大型高炉（高风温、喷煤粉、提高入炉品位、降低焦比等）、大中型转炉（复合吹炼、煤气回收等）、铁水预处理（脱硅、脱硫、脱磷等）、二次精炼（真空处理、钢包冶金等）、连轧技术（各类长材、带材、管材、板材等）；一批落后的工艺、装备被淘汰，如混铁炉、平炉、侧吹转炉、“老三段”电炉、模铸、初轧机、开坯机、推钢式加热炉、横列式轧机、叠轧机等，从而推动了钢厂生产制造流程的重构性集成优化，其突出的效果是生产效率提高，实现系统性节能降耗和产品专业化生产。

到了20世纪90年代中期，在连铸技术快速发展的过程中，连铸的多炉连浇和连铸机的作业率往往受制于转炉炉龄的长短。为了进一步延长转炉炉龄，我国钢企决定引进溅渣护炉技术，并进行消化移植推广。随着这一技术得到突破，炉龄很快达到5000炉以上，打通了影响生产制造流程协同、连续运行的技术瓶颈，促进了钢产量的提高。

改革开放的前20年是中国钢铁工业在引进、吸收国际先进技术的基础上，通过技术进步、技术改造，进行技术结构调整、生产流程结构升级的阶段。同时，中国出现了一批全连铸钢厂。到2000年，全国连铸比达到87.3%。1996年粗钢产量突破了1亿吨，中国登上了全球第一产钢国的位置。

进入21世纪——技术、产品、工程全方位突破

进入21世纪以来，中国钢铁工业在环境保护、节能减排方面取得了长足的进步，特别是干法熄焦、高炉干法除尘、转炉干法除尘技术的引进、研发、

推广，高炉渣、转炉渣及含铁粉尘的加工处理和综合利用，焦炉煤气、高炉煤气、转炉煤气及各类蒸汽的回收利用和自发电技术得到推广。在能量流网络概念的引导下，一批钢厂开始建设能源管控中心，进一步提高了能源使用效率。

进入21世纪以后，中国钢铁工业技术进步的重要标志是自主设计、自主建设、自主运行、自主管理了一批新一代沿海钢厂，特别是鞍钢鲅鱼圈钢厂、首钢京唐钢铁公司和宝钢湛江钢铁基地。这些钢厂是中国钢铁工业技术集成优化和技术进步的综合体现，体现着中国钢厂自主设计理论与方法的创新、冶金工艺装置国产化和建设技术的创新，以及钢厂生产运行水平和管理水平的提高。在这批新建沿海钢厂的设计、建设过程中，钢厂的功能定位得到了拓展，强调新一代钢铁联合企业应该具有“3个功能”，即高效率、低成本的洁净钢产品制造功能，能源高效转换和回收利用功能，大宗社会废弃物的消纳、处理和再资源化功能。此外，薄板坯连铸—连轧这一先进工艺流程在我国得到蓬勃发展。到2018年，我国已拥有17条（32流）作业线，成为全球薄板坯连铸—连轧生产线最多、产出最多、产品开发繁多的国家。同时，经过宝钢的自主研发，薄带连铸技术工程化水平取得突破。

近10年来，中国钢厂在环保技术上有了明显的提高，大多数钢厂“消灭”了渣山，新水消耗、污水排放减少了80%以上，焦化烟气脱硫脱硝治理、烧结烟气脱硫脱硝治理得到推广。钢厂吨钢粉尘排放由2000年的5.08千克/吨降到2017年的0.62千克/吨，吨钢二氧化硫排放由2000年的5.56千克/吨降到2017年的0.6千克/吨，吨钢消耗新水从2000年的25.5吨下降至目前的3.2吨。

同一时期，中国钢铁业的产品结构与品种研发也发生了结构性的变化。在钢产量连续增长的进程中，扁平材、管材的比例不断上升，板管带比由1978年的32.27%上升到2000年的42.05%，再上升到2017年的53.45%。这体现着一批大型转炉、一批RH（真空循环脱气）精炼装置、一批大型板坯连铸机、一批高水平的热轧带钢轧机的设计、引进、建造和运行能力的提高，以及一批高水平科技人员的成长。

在产品研发方面，一系列汽车用钢、桥梁用高强钢材、铁路钢轨（包括高铁用100米长轨）、输油（气）用高钢级管线钢实现了国产，各类电工用硅钢（包括高磁感变压器用硅钢在内）甚至可以出口国际市场。此外，某些钢厂的轴承钢也达到了国际一流水平。

在这些技术的支持下，中国钢材的进出口情况发生了转折性的变化。改革开放的前25年，中国是一个钢材净进口国，从2006年开始成为钢材净出口国；从2007年开始，1000美元/吨以上的钢材出口量超过了进口量；从2010年开始，2000美元/吨以上的钢材出口量超过了进口量，其中包括取向硅钢等高端产品。这表明我国高档钢材的竞争力和技术支撑力明显增强。

钢厂在技术进步的过程中，也带动了工程设计能力和工程建设能力的提高，并拥有了一支强大的队伍。现在，我国是国际上少有的能够自主设计、建设现代化钢厂的国家，有能力集成设计和建设成套完整的现代化钢铁制造流程和装备，而且结合“一带一路”建设的步伐，有能力走出去，承担国际项目的工程设计和工程建设的项目总承包。

中国钢铁工业有今日之实力，是四五代钢铁界的志士仁人经过不断努力奋斗取得的，并且在1996年产量突破1亿吨之后，继续飞速发展。这主要依靠的是中国自己培养的人才，这个过程凝结着几十所涉及冶金、材料、矿业等专业的院校和科研院所在培养人才和研发中做出的贡献。现在，我国每年仍然有着数以万计的冶金、材料、矿业等专业的大学毕业生充实到钢铁工业的各个岗位上，这是中国钢铁工业改革开放以来快速发展的重要资源之一。

展望未来——发展不平衡、不充分问题仍待破解

在改革开放政策的指引和推动下，经过40年的艰苦努力、自强不息，我国现已成为全球的钢铁生产中心、钢铁消费中心，我国应进一步成为全球钢铁材料的教育中心和研发、设计中心。

应该看到，在新的历史时期，我们还存在一些发展不平衡、不充分的问题，例如资源/能源结构上，吨钢废钢消耗少，铁矿石、煤炭消耗多；流程结构上，高炉—转炉流程比例大，电炉短流程比例小；环保生态欠账多，技术支撑力不够，特别是在烧结工序和焦化工序投入不足；质量品牌意识淡薄，重视个别品种，忽视量大面广产品的质量稳定性、可靠性和适用性；布局结构呈现无序发展，有的省（自治区、直辖市）钢铁工业畸形发展；发展战略

管理、环境生态治理措施有待进一步强化等。

雄关漫道真如铁，而今迈步从头越。我们不仅要为改革开放40年来，中国钢铁工业的发展和技术进步所取得的伟大成就而欢呼、自豪，更要坚定贯彻落实十九大精神，遵循创新、协调、绿色、开放、共享五大发展理念，砥砺前行。

（原刊于《中国冶金报》2018年12月21日1版，作者系原冶金工业部副部长、中国工程院院士、钢铁研究总院名誉院长）

三、走向高质量发展　提高产业集中度是关键

——吴溪淳谈改革开放40年中国钢铁工业经验教训及未来发展路径

“提高产业集中度是中国钢铁工业走向高质量发展的关键，也是中国钢铁行业落实全面深化改革的关键。”9月12日，原冶金工业部副部长、中国钢铁工业协会原会长吴溪淳应邀到中国冶金报社座谈。在谈到改革开放40年中国钢铁工业的经验教训及未来发展路径时，他这样强调。

改革开放40年中国钢铁工业发展的5个阶段。

吴溪淳说，自1955年从北京钢铁工业学校毕业进入钢铁行业，迄今已经60多年。“这60多年来，我从未离开过钢铁行业，这是我最庆幸的事情。改革开放40年来，中国钢铁工业发展历史大致可以分为5个阶段。”他指出。

第一阶段是1979～1992年，从计划经济向市场经济的过渡期。改革承包的大潮激发了大企业积极性，同时乡镇企业异军突起，加快了钢铁工业的发展。政府大力推进“三改一加强”（改革、改组、改制，加强企业管理）；建设宝钢，树起了现代化钢铁企业的样板。

第二阶段是1993～2001年，社会主义市场经济体制建立初期。国企扩大改革开放，通过利用外资和大规模引进先进技术装备、先进管理方法，使钢铁工业处于平稳发展期，为国家经济高速发展奠定了基础。

第三阶段是2002～2011年，国民经济高速发展期。工业化城镇化加快，

市场需求推动钢铁产能产量快速增长，催生了大量民营中小钢铁企业，产业布局失控。同时，由于轻工业和装备制造业迅速崛起，机电产品出口快速增长，促进了钢铁产品品种创新和质量提高。2006 年，中国成为钢材净出口大国，进口的钢材占国内消费比重由 34%降到 3%左右。不过，由于中小民营钢铁企业不断增加，造成产业集中度不断下降，我国钢企逐步丧失了对铁矿石的议价能力。这期间，进口铁矿石价格连年急速上涨，造成原料成本所占比例逐年上升，企业利润水平逐年下降。

第四阶段是 2012~2015 年，国民经济由高速增长转入中高速增长，进入钢铁产能存在严重过剩的时期。突出表现是市场严重供大于求，钢材价格连年大幅下跌，钢材价格指数最低降到 54. 48 点，是 1994 年 4 月价格的 50%，企业经营由微利转为亏损。

“2007 年产能利用率为 80. 2%时，吨钢销售收入利润率为 7. 73%，2011 年利润率降到 2. 58%。2012 年产能利用率为 74. 9%，钢协会员企业平均吨钢亏损 1. 16 元。2015 年产能利用率为 71. 3%，吨钢亏损 136. 4 元，钢材平均结算价格（不含税）由 2011 年的 4468 元/吨逐年下降到 2015 年的 2258 元/吨。”吴溪淳不无痛心地说道，“钢价低于白菜价，教训是深刻的。”

第五阶段是 2016 年至今，供给侧结构性改革时期。2015 年的中央经济工作会议提出加大结构性改革力度，特别是产能过剩比较严重的行业。这是绕不过去的历史关口。“今后一个时期着力加强供给侧结构性改革，主要是抓好去产能、去库存、去杠杆、降成本、补短板五大任务。”吴溪淳指出。

中国钢铁工业改革开放 40 年的基本经验和教训。

40 年来，中国钢铁工业发展积累了宝贵经验，也有深刻的教训。总结这些宝贵的经验、教训，就是为了在未来的发展中稳步向前。吴溪淳认为，40 年来中国钢铁工业发展得益于 4 个宝贵经验。

一是坚持不断解放思想、与时俱进，不断按照党中央指引的新理念，结合中国钢铁工业实际进行企业发展观念创新、企业管理制度创新、生产技术创新、品种创新。“我国钢铁工业取得的一切成就和进步都是解放思想、不断创新的结果。解放思想本质上是与时俱进的，解放思想就是要跟上发展潮流，永不落后。”吴溪淳说道，“创新驱动发展是我国钢铁工业实现由大向强的必由之路。”

二是坚持不断地深入研究国情，在中国特色社会主义的发展进程中，在党中央提出的路线方针指引下，研究国家经济发展的不同阶段需要多少钢、需要什么样的钢、需要什么样的钢铁企业。行业组织必须担负起做政府政策制订的参谋、做企业规划发展的信息提供者的责任，实行研究成果共享，用正确的信息导向，引领企业科学发展。“在正确的信息导向方面，《中国冶金报》功不可没。《中国冶金报》从诞生那天起就站在了中国钢铁行业舆论的制高点上，经过60多年的发展，依然处在中国钢铁行业舆论的制高点上。”吴溪淳强调，“《中国冶金报》的存在价值，就是能够始终与时俱进，站在中国钢铁行业舆论的制高点上，通过正确的信息来引领钢铁工业科学发展。”

三是坚持用改革的思路破解企业发展的难题，通过扩大开放主动融入国际市场，加强国际交流，充分利用先进的技术和管理经验，通过消化集成再创新不断提高企业的国内外市场竞争力。

四是钢铁行业的企业组织机构调整，推动企业联合重组，淘汰落后产能，必须既依靠市场，发挥资源配置的决定性作用，又必须更好地发挥政府的推动作用。实践证明，中国钢铁产业集中度长期低于40%，既有市场机制不健全的原因，也有政府推动工作不到位、国有企业出资人责任不到位的问题。根据中国的国情，提高产业集中度必须政府大有作为才行。“中国钢铁工业40年的快速发展积累的矛盾和最大的问题是发展的不平衡不充分问题。”吴溪淳指出。他认为，这种不平衡不充分表现在产业布局的失衡，华北和东北的过剩产品近50%要运往南方销售；华东和中南地区绝大多数钢厂都在内陆，远离海港，使用进口原料（铁矿石）的物流成本高；首都北京周围200~300千米范围内集聚了3亿多吨钢产能，给环境容量造成了较大负担；中小企业数量过多，大企业又联合不足，造成技术创新、人力、财力投入分散，重复浪费很大，整体创新能力不强。

中国钢铁工业未来实现高质量发展的路径

首先，中国钢铁工业要实现高质量发展必须提高产业集中度。

“实现四个优化（企业组织结构和布局优化、企业技术装备结构优化、企业工艺技术和管理模式优化、企业产品结构优化和实行制造加服务）是站在历史新起点的中国钢铁工业发展的主题。”吴溪淳表示，“特别是组建发展大集团，提高产业集中度问题，已成为我国钢铁工业走向高质量发展必须解决的关键问题。”

吴溪淳指出，现在是解决产业集中度不高问题的最佳时期，机不可失。不提高产业集中度，就无法通过行业自律实现产需动态平衡、市场稳定，也无法避免产能过剩、钢价大起大落，也难以获得国际铁矿石市场采购的话语权。现在，我国经济已由高速增长阶段转向高质量发展阶段，正处在转变发展方式、优化经济结构、转换增长动力的攻关期。“当前淘汰落后产能和城市环境治理，以及2008年以来地方出现的中小型钢厂基本都到了大修改造的更新期，在这个关键节点上，再不能丧失企业联合重组做大做强的机遇了！”吴溪淳呼吁。

“中国钢铁工业是否走上了高质量发展道路，要看我们绝大多数钢铁产品能否实现绿色制造、高品质、低成本、高全要素生产率。”他认为。钢铁工业是高投资产业，重大的颠覆性、原始性科技创新投入大、研发周期长，客观上要求集中科技创新人才，集中财力物力，才能总体上实现以较少的投入获得较大的产出，才能在国际市场竞争上占据有利地位。而这些都要求我们加快建设大集团，提高产业集中度才能实现。

吴溪淳表示，钢铁行业在培育公平竞争的市场环境，彻底解决“劣币驱逐良币”问题，真正达到通过市场竞争实现企业优胜劣汰方面，还有不少问题没有解决。钢铁行业供给侧结构性改革绝不是取缔了“地条钢”，淘汰了一部分落后产能就大功告成了。“钢铁行业产能过剩问题的最终解决要体现在市场供求的动态平衡，产品价格脱离大起大落的轨道，行业经济效益总体稳定，产品由中低档向中高档迈进，企业通过科技创新、管理创新、联合重组、做大做优做强，使全要素生产率不断提高，国内外市场竞争力不断增强，才算产能过剩阶段跨过去了。”他说。

吴溪淳指出，当前钢铁企业联合重组缓慢，产业集中度长期提不上去；产业布局虽有改善但仍然不够合理；在解决环保欠账，需要在环保上大量投入和众多中小企业冶炼设备大修更新期日益临近，企业信息化智能化的潮流正在逐渐席卷而来的形势下，现在年产4000万吨以上的大集团仅有中国宝武和河钢2家，年产3000万吨钢以上的加上沙钢和鞍钢也仅有4家。

“钢铁强国是由钢铁强企构成的。没有足够多的钢铁强企，何来钢铁强国？没有60%以上或者至少50%以上的产业集中度，如何提高国际市场的话语权？如何在实现市场产需动态平衡上做到行业自律？”吴溪淳说。

其次，解决产业集中度低的问题要靠“两只手”，即市场公平竞争这只手和政府通过各种行政法规和鼓励政策，发挥政府推动作用这只手。

吴溪淳指出，在中国，政府是国有企业出资人。国务院国资委根据国务院授权，依照《中华人民共和国公司法》等法律和行政法规履行出资人职责，监管中央所属企业（不含金融类企业）的国有资产，加强国有资产的管理工作，指导和推进国有企业改革和重组，推动国有经济结构和布局的战略性调整。地方国资委根据地方政府授权和公司法，履行地方所属国有企业出资人职责。在我国谁能指导和推进国企改革和重组？只能是各级政府和接受政府授权的各级国资委。国务院国资委从国家治理的层面上看，负有推动国有经济结构和布局战略性调整、推进国有企业改革和重组的责任。

中央管理的四大钢企宝钢和武钢、鞍钢和攀钢已完成重组任务。地方国企跨省、跨区域联合或中央与地方国企联合重组还有很大的调整空间。

党的十八届三中全会提出，大力发展混合所有制经济。党的十九大报告提出，要完善各类国有资产管理体制，改革国有资本授权经营体制，加快国有经济布局优化、结构调整、战略性重组，促进国有资产保值增值，推动国有资本做强做优做大，有效防止国有资产流失。深化国有企业改革，发展混合所有制经济，培育具有全球竞争力的世界一流企业。“党的十九大提出的目标要求，应当成为推动钢铁企业联合重组、提高产业集中度的行动指南。”吴溪淳表示。

“提高产业集中度是整个中国钢铁工业走向高质量发展的关键，也是中国钢铁行业落实全面深化改革的关键。”吴溪淳强调，“必须由国家出面，统筹规划，科学布局，分步实施，按照工信部发布的《钢铁工业调整升级规划（2016~2020年）》中要求的，确保到2020年，前10家钢铁企业的产量之和占全国总产量60%以上的目标按期实现。”他指出，这是党的十八大以后发布的规划，是在改革进入深水区、啃硬骨头攻坚时期发布的规划，还有两年多的时间，形势逼人，必须抓紧实施，攻坚克难，给人民交上一份合格答卷。“不能再像以前那样有人定规划，却很少抓落实。”吴溪淳语重心长地说道，“2005 年的《钢铁产业发展政策》、2009 年的《钢铁产业调整和振兴规划》、2010 年的《关于进一步加大节能减排力度，加快钢铁工业结构调整的若干意见》、2010 年的《钢铁工业“十二五”发展规划》，在国家发布的这些政策、规划、结构调整意见中，提高钢铁产业集中度都有明确的目标要求，10 年都没落实。”

党的十八大之后，2013 年 10 月 9 日下发的《国务院关于化解产能严重过剩矛盾的指导意见》文件，已明确重点推动山东、河北、辽宁、江苏、山西、江西等地区钢铁产业结构调整，整合分散钢铁产能，推动城市钢厂搬迁，优化产业布局，压缩钢铁产能总量。这充分说明国务院已经在 6 个重点省，把产业结构调整、整合分散的钢铁产能、推动城市钢厂搬迁、优化产业布局、压缩钢铁产能总量和提高钢铁产业集中度结合在一起了。产业集中度提高以后，大企业集团就便于实现产品专业化分工，更加有效地集中财力、人力，创新开发新技术、新产品，更加有效地实行技术装备升级改造，更加有效率地配置资源，降低采购和销售运营成本，增强大集团对市场的影响力和控制力，从而达到党的十九大提出的推动经济发展质量变革、效率变革、动力变革，提高全要素生产率，向高质量发展阶段迈进的要求。

此外，中国钢铁工业在公平税负和环保方面的市场公平竞争仍有待加强。

“当前除了加快产业布局结构调整，整合分散企业，组建大集团，提高产业集中度外，还要落实公平税负，营造公平竞争的市场环境。”吴溪淳呼吁。在环保方面违法违规生产，少投入资金改造环保设备，投机性地减少环保运营成本，这方面造成市场竞争不公平的问题虽然也很严重，但现在政府的强力整治已经大见成效，在环保方面的市场公平竞争环境正在形成。

习近平总书记说，潮流来了，跟不上就会落后，就会被淘汰。“我认为在我国，第四次工业革命的潮流也已经来了。”吴溪淳强调，“如果我国钢铁企业不能加快联合重组，不能形成 10 个以上 5000 万吨钢规模的特大型钢铁集团，我们就将跟不上时代发展，在 2035 年我国基本实现社会主义现代化时也很难成为世界钢铁强国。”

（原刊于《中国冶金报》2018 年 10 月 17 日 1 版，记者　何惠平）

四、改革开放给武钢、鞍钢带来新生
——鞍钢原总经理、中国工程院院士刘玠访谈录

“没有改革开放，就没有今天的武钢、鞍钢!”曾担任武钢第一副经理兼总工程师和鞍钢党委书记、总经理的中国工程院院士刘玠，在接受《中国冶金报》记者采访时发出这样的肺腑之言。他以自己的亲身经历，回顾了武钢、鞍钢在改革开放政策指引下的发展历程，并对未来中国钢铁行业如何进一步深化改革，成为世界钢铁强国提出了他的建议和设想。

武钢一米七轧机工程与持续创新

刘玠首先向《中国冶金报》记者介绍了当年武钢一米七轧机工程建设情况。他说，武钢一米七轧机工程于1974年9月7日破土动工，工程包括三厂一车间，即热轧厂、冷轧厂、硅钢片厂和连铸车间，这是当时世界上最先进的轧钢冶金装备和技术，连铸机和冷轧机组是从联邦德国引进，热轧机组和硅钢片生产线是从日本引进。1975年，公司派送刘玠到日本学习10个多月，先后在日本东芝府中工厂和新日铁大分制铁所学习热连轧计算机控制技术。回国后，他参加了一米七轧机工程的热连轧建设，负责计算机调试工作，担任计算机车间副主任、数模组组长。

党中央和国务院领导对武钢的一米七轧机工程建设一直很关心。1975年9月28日，邓小平同志和其他4位副总理共同签发的关于武钢一米七连轧机组问题的批示中就说：“我们对于武钢一米七连轧机组能否按时投产和充分发挥生产能力十分关心……加强对建设基地的领导，协调各部门之间工作，逐步做到备品备件自给，特别是立即在基地指挥部内建立生产准备指挥系统，做到按时投产，并且能保证持续生产。要通过这个基地的建设和生产实践培养出一支无产阶级政治挂帅的、具有更高水平的骨干队伍，使今后国内也能制造并发展这类机组。”这个批示，对一米七轧机工程的建设和顺利投产起了

重要的作用。

1979 年 12 月，一米七轧机工程建成投产。这是我国钢铁行业率先从国外引进的国际先进的连轧装备和冶金技术。在 1978 年中国步入改革开放新时期时，武钢在引进国外先进技术、先进设备方面已捷足先登了。

“改革开放总设计师邓小平亲自来到武钢视察一米七轧机工程。”刘玠回忆道，1980 年 7 月 16 日上午 9 时 45 分，邓小平同志乘坐的面包车来到武钢第二炼钢厂连铸车间的南大门前。虽然事先湖北省委已传达了邓小平同志“不组织群众欢迎仪式，一切按正常生产进行”的意见，但武钢领导和职工还是自发地聚集在连铸车间门前迎接邓小平同志的到来。

“邓小平同志坐在操作台前，透过明亮的玻璃，一边观看轧钢过程，一边听取操作人员介绍情况。他仔细观察着钢坯由厚变薄，由红变黑，每秒 20 米速度的钢材最后成卷。当他听说一米七轧机产品质量好，热轧钢板经平整后误差不到半根头发丝，冷轧板平整后误差约一根头发丝的 1/16 时，满意地笑了。”刘玠向《中国冶金报》记者详细描述了当时的场景。

“正是在改革开放政策的指引下，我国钢铁行业首次从国外引进世界先进冶金装备的一米七轧机工程不仅顺利投产，而且还有所创新。”刘玠告诉《中国冶金报》记者，1981 年 12 月 12 日，一米七轧机工程经国家验收合格，正式投产。一米七轧机生产的产品分板、卷、带三大类，主要品种有汽车板、自行车带钢、镀锌板、镀锡板、船板、普通板和硅钢片，改变了我国这些钢材依赖进口的局面。一米七轧机工程达到核定的设计能力。

刘玠说，武钢自一米七轧机工程之后，自行设计建设了大型高炉，设计能力为年产 224 万吨，有效容积为 3200 立方米，分别采用了卢森堡、德国、日本等国家的先进技术，达到 20 世纪 90 年代国际先进水平，为中国老高炉改造闯出了一条新路。武钢不断开发新技术、新工艺，大力开发新产品，到 1990 年获国家科技进步奖特等奖时，一米七轧机工程开发创新的新技术项目达 197 项，其中达到 20 世纪 80 年代国际先进水平的有 47 项。从 1984 年开始，武钢先后自行开发了高牌号连铸硅钢、异钢种连浇等 10 多项新技术、新工艺，在国内率先实现了全连铸，武钢连铸生产技术由此跃入 20 世纪 80 年代国际同行业先进水平行列，武钢也因此跃升为当时全国最先进的钢铁企业。

老国企技改让鞍钢重焕生机

40年来的改革开放，使我国的钢铁工业发生了翻天覆地的变化。刘玠说："我是看着我国钢铁工业一步一步发展起来的。在大跃进的1958年，全民大炼钢铁，为实现1070万吨钢而战。当时，农村、城市，到处都是土炼钢炉；机关大院、工厂、学校、街道，处处都掀起了炼钢热潮，我们当时作为中学生也参加了炼钢。1978年，我国钢产量才3178万吨，而改革开放40年来，我国钢产量增长了25倍，雄踞世界第一。这正是得力于改革开放的好政策、改革开放的好年代。"

"改革开放也使鞍钢获得了新生。"刘玠说，自1994年到2007年，他一直在鞍钢工作，先后担任过鞍山钢铁集团公司党委书记、总经理。20世纪90年代，鞍钢正处于极度困难时期，企业资金运转困难，没钱买煤，致使两座高炉停产；设备陈旧老化，产品质量差；50万职工中，有18万子弟兵、12万离退休人员；没有合同，生产难以为继；当时职工的年均工资才8000元，但就这么一点工资，企业也都发不出来，鞍钢一度陷入了绝境。

就在这时候，国家给了鞍钢改革开放的好政策，企业进行了股份制改革。1997年，鞍钢冷轧厂、厚板厂和线材公司3个生产部门进行资产重组，创建了鞍钢新轧钢股份有限公司，并成功地在香港、深圳分别发行8.9亿股H股、3亿股A股股票。上市后，鞍钢共筹集资金26亿元。"我们就靠这笔资金把鞍钢资产盘活了。"刘玠说。

"我们按照党中央的要求，抓住'三改一加强'，对鞍钢进行了技术改造。"刘玠说，鞍钢热轧带钢厂1780毫米工程是国家"九五"重点工程之一，也是鞍钢有史以来工程量最大、技术及装备水平最先进的改造工程。这项工程于1997年5月18日奠基开工，历时31个月，仅用43亿元人民币，便于1999年10月14日试轧出第一个热轧卷。它的竣工投产，对于改善鞍钢工艺装备条件、优化产品结构、提高产品质量、增加高附加值产品、提高产品市场竞争力和经济效益具有极其重要的作用。

1996年10月15日，国内外同行关注的鞍钢"平改转"工程拉开序幕，1年零9个月后，第一、第二炼钢厂的12座平炉全改建成6座转炉，全部投资仅用1年多时间就收回来了。刘玠向《中国冶金报》记者介绍道："我们用了5.2亿元人民币，完成了鞍钢520万吨平炉改转炉技术改造工程。同时，我们用14亿元投资，自主研发了1700毫米中薄板坯连铸连轧技术工艺，建成了中薄板坯连铸连轧生产线，为热连轧国产化开了先河。"

"这是我国第一条拥有全部自主知识产权、具有当代国际先进水平的1700毫米中薄板坯连铸连轧生产线（ASP），已成套对外输出，不仅经济效益可观，同时也为国家重大技术装备国产化提供了宝贵的经验。该项目先后获得'九五'国家重点科技攻关重大科技成果奖、国家科技进步奖二等奖和冶金科学技术特等奖。我们还大胆创新，用16亿元自主集成，成功开发出国内第一条冷连轧生产线，获得国家科技进步奖一等奖。这些成果，靠的也是改革开放的好政策、改革开放的好年代。"刘玠说。

此外，鞍钢还先后建成了两个全新的钢铁生产基地，包括3200立方米、4038立方米高炉，大型烧结机，250吨转炉，2150热连轧线，2130冷连轧线以及配套的各种生产线，完成了产能1200万吨/年的技术改造，创出了一条"高起点、少投入、快产出、高效益"的技术改造新路子。鞍钢"平改转"推动了全国钢铁行业淘汰平炉的进程，中国的钢铁行业比计划提前5年淘汰了落后的平炉炼钢工艺。

"鞍钢还在企业的体制、机制上进行改革创新，这也完全得力于改革开放的好政策。"刘玠说。为适应深化改革和债转股工作的需要，鞍钢对所属的22个单位进行资产重组而建立了新公司。按照"产权清晰、权责明确、独立核算、管理科学"的方针，鞍钢集团公司对新钢铁公司实施资产委托经营，确保国有资产保值增值。新钢铁公司取得独立的采购和销售权力，实行独立核算，并最终实现了钢铁制造产业的整体上市。

在企业改革上，鞍钢正确处理"转机"与"建制"的关系，企业改革进一步深化，并把推进下岗分流、减人增效和实施再就业工程结合起来。到2006年12月底，鞍钢已分离辅助单位23个，钢铁生产主线通过减员降到2.55万人；全集团公司在岗职工人数由1995年的19.75万人降到10.69万人，净减员9.06万人。从2007年开始，鞍钢实行了规范的公司制改革，10个分离单位正式按具有独立法人资格的全资子公司运行。

当时，改革开放还只有30年，鞍钢就发生了巨大的变化，取得了令人鼓舞的成就：从 1979 年到 2007 年，鞍钢累计产钢 2.55 亿吨、生铁 2.5 亿吨、钢材 1.97 亿吨，向国家上缴利税 869 亿元。30 年间，鞍钢进行了大规模的基本建设和技术改造，固定资产原值和净值分别比 30 年前增加 11.87 倍和 13.12 倍，已形成年产钢 1880 万吨、生铁 1550 万吨、钢材 1576 万吨的综合生产能力，可生产 700 多个品种、25000 多个规格的钢材产品。

“改革开放给鞍钢带来了新生，带来了巨变。没有改革开放，就没有鞍钢的今天。”刘玠说。

未来推进高质量发展的建议

40 年来的改革开放，使我们整个钢铁工业取得了举世瞩目的业绩，在推动国民经济发展上发挥了应有的作用。没有现在的钢铁产能，可以说就没有现在的经济发展。“改革开放 40 年的实践雄辩地证明，党和国家实施的改革开放政策和路线是正确的，我们钢铁工业在发展中所走过的路也是正确的。”刘玠告诉《中国冶金报》记者。

当记者问及未来我国钢铁行业如何继续深化改革、未来的发展之路如何走时，刘玠思索一下说道：“钢铁行业这 40 年来取得的成绩必须肯定，但存在的不足必须重视，这些不足主要表现在钢铁产能过剩，节能减排、环保压力大，还有少量的钢材需要进口，实现钢铁强国还有很长的路要走，还要继续深化改革，不断自主创新。”

刘玠提出了如何进一步发展我国钢铁工业的几点设想和意见。他认为，从总体来看，未来的钢铁工业要在去过剩产能、发展精品战略、推进绿色制造、加快智能制造等方面下功夫，不断深化国企改革，加快推进供给侧结构性改革，在国家“一带一路”倡议的带动下，加快走出去步伐，推进中国钢铁转向高质量发展。

首先，钢铁行业要坚持以改革为动力，以供给侧结构性改革为主线，以高质量发展为方向。钢铁行业要逐步提高产业集中度，推动钢铁行业良性重组，合并与整合同质化产能，整合技术与研发力量，向新领域拓展；深入推进“三去一降一补”，逐步去除过剩的、落后的产能；走智能化、绿色化、清洁化、信息化、自动化的发展道路。

其次，要瞄准世界先进技术，加快提高钢铁行业智能制造水平。钢铁工业要向高质量发展，就必须实现智能化生产，要把人工智能技术和生产工艺技术紧密结合起来，形成全生产链的智能生产。

再次，要推进钢铁工业的绿色制造。就钢铁企业而言，应在钢铁生产环节使用清洁能源、利用可再生能源，做到节能减排，而且要开发“城市矿山”，回收利用更多的废料作为资源，减少二氧化碳排放，为建设美丽中国发挥更大的作用。

最后，要坚持走发展精品的道路。在钢材品种开发上，钢铁行业要以全方位满足国民经济对钢铁产品品质的需求为方向，尤其是要满足中国先进制造业的高端需求，特别是解决批量不大、品种繁多的钢材需求。因此，未来钢铁企业要不断提高产品品质，生产精品钢材。

“未来的钢铁工业将‘以钢铁产业为基础，相关产业协同发展’，即形成以绿色精品智慧的钢铁产业为基础，新材料、现代贸易物流、工业服务、城市服务、产业金融等相关产业协同发展的格局，最终实现钢铁大国向钢铁强国的转变。”刘玠说。

（原刊于《中国冶金报》2018 年 11 月 30 日 1 版，记者　包斯文）

五、要为世界钢铁工业发展做出新的贡献

——张晓刚谈改革开放 40 年中国钢铁工业的经验教训和未来之路

“改革开放 40 年来，中国钢铁工业一步步走到今天，应该说是几代钢铁人努力的结果。这其中的一个宝贵经验，就是我们走了中国特色的经济发展道路。可以说，中国特色社会主义道路是今天中国获得巨大成功，获得全世界认可的一个最重要的因素。”日前，现任中国检验检测创新联合体主席，曾任中国钢铁工业协会会长、世界钢铁协会会长、国际标准化组织主席、中国钢铁行业领军人物之一的张晓刚，在接受《中国冶金报》记者专访时，对改革开放 40 年来中国钢铁工业发展过程中的经验教训发表了看法。

对于中国钢铁工业的未来发展之路，张晓刚表示，现在中国钢铁产量位居世界第一，今后必须考虑如何对世界钢铁工业发展做出新的贡献。

中国钢铁工业蹚出了一条适合中国国情的发展路子

40 年前的中国钢铁工业，面临严峻挑战。“20 世纪 80 年代，中国经济步入了快速发展的轨道。钢铁作为基础原材料，必须扩大品种、提高质量，以满足经济快速发展的需求。然而，那个时候，国家的经济基础还很薄弱，资金匮乏，不可能都像建设宝钢那样直接投资新建现代化钢厂，绝大多数老牌钢铁企业走了技术改造的路子，最终殊途同归，全部走向现代化。这其中的道路很艰难，但现在的成就有目共睹。”张晓刚说，“回过头来看，这 40 年中国钢铁工业蹚出了一条适合中国国情的发展路子。这不是哪一个人、哪一个企业的功劳，这是几代钢铁人的共同心血。”

2011 年 10 月，时任鞍钢集团公司总经理的张晓刚正式当选世界钢铁协会会长，这是该协会历史上首次由中国人担任会长。“这是中国钢铁工业发展到一定阶段的必然结果，只是我很幸运，代表中国钢铁工业出任了这一届世界钢铁协会会长。这是世界钢铁对中国的认可，对中国钢铁工业 40 年发展的认可。”张晓刚说。

张晓刚特别强调，中国政府近 2 年在化解钢铁过剩产能和取缔“地条钢”方面卓有成效的工作，让世界钢铁工业感受到了中国的担当和贡献。他表示，中国政府化解钢铁过剩产能、取缔 1.4 亿吨“地条钢”的决策十分正确，不仅使中国钢铁工业重新实现了盈利，走上了结构优化的道路，而且促进了世界钢铁工业的复苏。

“去年新日铁总裁见到我时说，感谢中国钢铁工业在去产能方面所做的努力，拯救了世界钢铁工业。”张晓刚说，“这个就是中国钢铁工业在发展中积累的经验起了作用。市场这只无形的手和政府这只有形的手共同发挥作用，形成了一条中国特色的经济发展道路。所以，不要说一个国家的发展必须走所谓的市场经济道路或是计划经济道路，只要能成功，哪条路都行得通。中国特色社会主义道路是今天中国获得巨大成功、获得全世界认可的一个最重要的因素。中国积累了经验，为未来世界上其他发展中国家进一步发展经济树立了一个可借鉴的榜样。当然，不同的国家有不同的治理方式。40 年改革开放的实践证明，中国的这种治理方式是非常成功的，中国已成为世界第二大经济体，中国制造业在世界遥遥领先。”

“所以，总结这 40 年的时候，我们应该看到，中国在高速发展的今天，已然为未来的发展奠定了基础，为整个人类文明做出了应有的贡献。中国能够提供更好的经验和解决方案，让发展中国家在进一步发展经济的过程中，不再走我们走过的一些弯路。”张晓刚说。

中国钢铁经历过产能过剩后将迎来结构调整

40 年来，中国钢铁工业发展积累了宝贵经验，亦有深刻教训。只有总结以往的经验教训，对的就坚持，不对的就及时改正，如此才能一步一步向前发展。

张晓刚认为，中国钢铁工业发展的一个深刻教训，是我们又再次走了发达国家工业化进程当中先污染后治理的道路。“这个教训必须牢记。先污染后治理，有些影响是很难消除的。例如，钢铁生产当中，焦化工序会产生酚氰废水，其大量排放会严重污染水系，而这个影响是十分长远的。”张晓刚说，“习近平总书记强调，绿水青山就是金山银山。怎么样变成现实？怎么样变成行动？我觉得这是中国钢铁工业未来发展必须思考的问题。”

对于中国钢铁产能过剩的问题，张晓刚认为，这不能说是产业规划的失败。“应该说在发展过程当中，我们有过失误，这些失误更多的是我们在积累教训。因为中国市场经济发展道路是所有人都没有走过的，也是任何国家都没有经历过的，中国经济发展到今天，事实上是一个探索、积累的过程。”张晓刚表示，“中国钢铁产能过剩确实存在，是中国经济高速发展对钢材需求增长所带来的必然结果。企业觉得有利润，就投入资金扩建产能，正是这个过程才导致今天这个结果，所以我不认为这里有严重的过失。我认为，其他国家都经历了这个过程，只是说到今天别的国家更成熟一些，因为他们早就经历过工业发展的初期和中期，早就面临过产能过剩和环境污染的问题，也早就进行了结构调整、产业重组，提高了产业集中度。而中国还没有经历这个过程。应该认识到，中国的产能过剩和西方的产能过剩是不一样的，西方的过剩是经济周期性波动带来的过剩，而中国的过剩更多的是一种结构性的过剩，这是中国经济高速发展的结果。这一阶段过去之后，当钢材需求降低的时候，结构调整就要来了。结构调整的过程就是中国钢铁产业集中度优化、布局优化的过程。”

高质量发展是中国经济转型期的必然

改革开放40年来，钢铁行业成绩斐然。现如今，站在新的历史起点上，我们应该朝着什么方向前进?

党的十九大报告指出，我国经济已由高速增长阶段转向高质量发展阶段，正处在转变发展方式、优化经济结构、转换增长动力的攻关期。“高质量发展这个提法恰到好处，是中国经济转型的必然结果。”张晓刚表示，“中国过去走的是一条追求速度和数量的发展道路，当然也获得了巨大成功，但现在发现存在大而不强的问题。于是，党的十九大提出要高质量发展，要转型。”

钢铁企业如何实现高质量发展?张晓刚指出，首先，企业领导须深刻理解高质量发展的内涵。“企业领导要走出高质量发展就是提高产品质量的误区。应该认识到，高质量发展是产业发展，是经济发展，是国家发展，产品质量只是高质量发展中一个很小的部分。”他说。其次，企业须在行动上真正解决影响高质量发展的问题。例如，不管是国有钢铁企业还是民营钢铁企业，过去在招标采购当中，基本上采用的是低价中标的方式。这在过去抑制腐败、降低企业成本上确实发挥了很大作用。但是，这种低价中标的模式，使得供货商只满足了企业的最低标准，而最低标准是无法支撑高质量发展的。“所以，在走高质量发展的道路上，我们不但要在观念上发生变化，也要在行动上有所改变，这样才能改变我们过去已经形成的一些固定模式。只有改变、创新，高质量发展才可能成为现实。”他说。

担任国际标准化组织主席3年多，张晓刚对高质量发展中的标准作用有着深刻的认识。他表示，去年5月，习近平主席在“一带一路”国际合作高峰论坛的主旨演讲中提出，推动建设“一带一路”，要促进政策、规则、标准三位一体的联通。“从来没有任何领导人有这样的提法。过去，在治国理政方略上，我们以政策、法规等行政性的制度工具为主，以标准这样的技术性工具为辅。现在，我们要实现高质量发展，就必须有高标准。未来，我相信在中国的转型发展过程当中，技术性的制度工具会起到越来越大的作用。”他说。

谈到标准对中国钢铁工业发展的促进作用，张晓刚举例说，20 年前，我们没有企业能生产子午线轮胎钢帘线，因为我们达不到标准。当时，我们购买国外的子午线轮胎钢帘线需要付 9000 元/吨的高价。后来，我们通过一系列努力，掌握了子午线轮胎钢帘线的研发技术，现在价格已大幅下降。“这就是标准的作用，它可以促进科技创新，可以促进产业发展。当你达不到标准的时候，就是技术壁垒，必须通过技术创新的手段去改变自己的现状。这就是标准推动中国钢铁工业进步的过程。”他表示。

张晓刚指出，过去，在工业领域，标准化发展的一个规律是，先产品化，然后标准化，最后产业化。但最近几年，在新技术领域，标准化出现一种新的趋势，就是先标准化，然后产品化，最后产业化。他举例说，2014 年，ISO 发布了 ISO13482 服务类机器人标准；2015 年，意大利护理中心用上了护理机器人；2016 年，日本软银机器人公司开发的 Romeo 护理机器人投入使用，该机器人已具备人形外观。“现在高新技术发展带来的商业模式变化，值得中国钢铁工业甚至其他制造业注意。未来你不重视标准，你不主导标准，就是别人主导规则，因为标准的主导者一定是技术引领者，是行业市场的控制者。”他说。

中国钢铁工业未来必须致力于引领技术进步

“现在大家都认识到标准的重要性，都想主导标准。中国作为后发展国家，主导标准的难度非常大。对中国钢铁工业来说，在技术规则制定方面几乎没有话语权，这是我们面临的最大挑战。”他说。

要做标准的主导者，还是要靠科技创新。张晓刚表示，在过去的历史长河中，主要的标准制高点已经被占领了，现在的 ISO 标准当中约 95%由几个主要发达国家主导，其他的 170 多个国家主导剩下的 5%，中国在这 5%之中。

张晓刚认为，现在中国钢铁产量世界第一，但作为“世界钢铁老大”，我们在引领全球钢铁行业发展中几乎没有起到作用。“下一步，如何在引领钢铁行业技术进步方面做点工作，成为名副其实的‘世界钢铁老大’，是中国钢铁工业应该思考和谋划的重点。过去几十年，中国钢铁企业走的科技创新道路基本是一条引进、消化、吸收再创新的道路，但是，今天中国钢铁工业再走这样一条路，是不可能成功的。我们一定要为世界钢铁工业的发展做出新的贡献，也就是在科技创新的方式上，我们必须有新思考、新思维、新观念、新做法。我们必须把传统的引进、消化、吸收再创新，改成以自主创新为主，以原始创新为主，甚至以颠覆式创新为主的科技创新模式。只有这样，中国钢铁工业才能在世界上有地位、受尊重。”张晓刚说。

张晓刚最后强调，中国钢铁工业在科技创新方面，应着重创造一种支持创新的文化。如果大家都怕失败都不去干的话，永远没有明天。另外，在创新过程中要有开放的心态。“以前，中国钢铁企业对自己创新的东西搞封闭，互相之间谁也不知道对方在研究什么，结果往往是大家都做相同的创新，钱都花了，最后谁也没做出来成果。这是中国钢铁工业走过的弯路。”张晓刚说，“未来，中国钢铁企业不仅相互之间要开放，而且要跟世界顶级企业一起，在行业发展的颠覆式创新和原始创新方面加强合作。这是中国钢铁工业应有的胸怀。”

（原刊于《中国冶金报》2018年7月17日1版，记者　陆闻言　徐可可）

六、创新绿色发展是唯一出路

——刘浏谈改革开放40年来中国炼铁工业成就及未来发展建议

改革开放40年来，中国炼铁工业取得了巨大发展。从历史的维度来看，中国炼铁工业起步于新中国成立初期的计划经济，崛起于改革开放大潮之中，走了一条具有中国特色的自主创新的发展道路，有力地支撑了中国钢铁工业的崛起和国民经济的发展。

1. 中国炼铁工业发展的3个阶段

改革开放后，我国经济快速发展，钢铁需求持续增长，生铁产量持续增加，同时改革破除了原有的一些体制机制障碍，计划经济体制逐渐向市场经济体制转轨，生产力逐步得到释放，炼铁技术取得明显进步。

自改革开放以来，我国生铁产量的演变总体上分为3个阶段（见图1）。

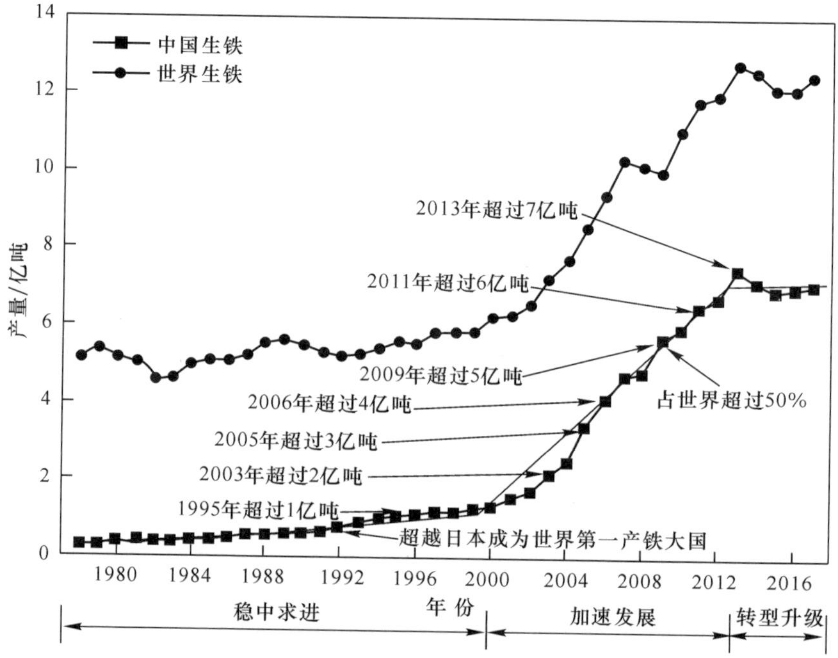

图1　改革开放后中国炼铁发展的3个阶段

稳中求进阶段（1978～2000年）。在这一阶段，我国生铁年产量从1978年的3479万吨增加到2000年的1.3亿吨。其中，1992年生铁产量达到7589万吨，超过日本同年的产量（7314万吨），我国成为世界第一大产铁大国；生铁产量于1995年突破1亿吨。

加速发展阶段（2000～2013年）。在这一阶段，我国生铁年产量分别于2003年突破2亿吨、2005年突破3亿吨、2006年突破4亿吨、2009年突破5亿吨、2011年突破6亿吨、2013年突破7亿吨。在此期间，除2005～2009年外，我国生铁产量以每两年增长1亿吨的速度高速发展，并于2009年在世界生铁产量中占比超过50%（达到57%）。此后，我国生铁产量一直占据世界生铁产量的半壁江山。

高速增长阶段转向高质量发展阶段（2013年至今）。在这一阶段，我国生铁产量开始略微下降，但仍保持在7亿吨左右。同时，伴随着国家经济结构和产业结构的转型升级，炼铁工业也面临资源、环保和结构调整的多重压力，开始呈现减量化和创新发展的态势。

值得注意的是，与生铁产量增加相对应的是炼铁原料烧结矿、球团矿和焦炭产量的增加。烧结矿的产量与生铁产量的变化基本吻合（见图2a），烧结矿产量在2000年以前缓慢增长，而进入21世纪后快速增长，近年来的增速放缓。由于中国球团的发展相对滞后，球团矿产量在2000年以后才开始明显增加，与烧结矿产量相比明显较低。这主要是因为我国高炉的炉料结构长期以来是以烧结矿为主。由于经济和技术原因，近年来，我国球团矿的产量还略有下降。

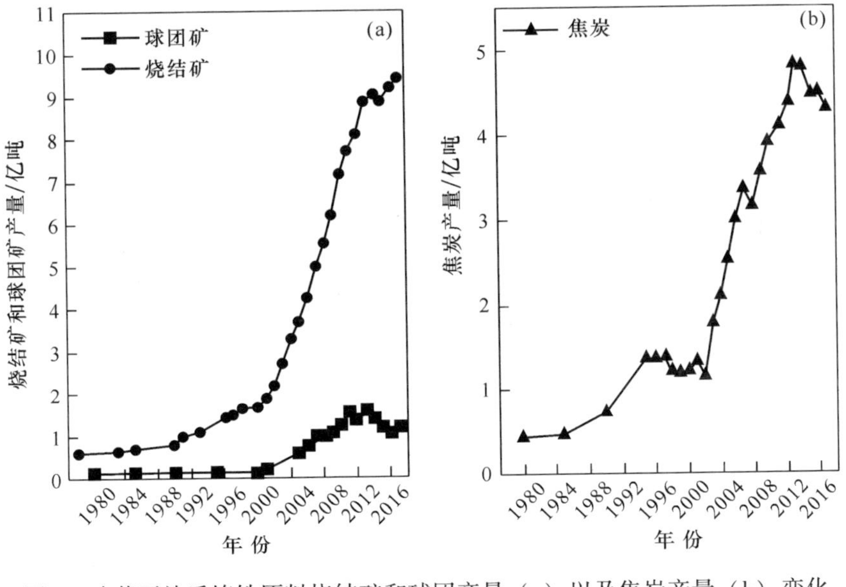

图2　改革开放后炼铁原料烧结矿和球团产量（a）以及焦炭产量（b）变化

焦炭作为高炉炼铁最重要的原料，其产量与生铁产量存在明显的线性关系（见图2b）。不过，由于近年来环保趋严，各省（自治区、直辖市）逐渐实行“以钢定焦”政策，焦炭的产量存在明显的降低趋势。

2. 炼铁技术经济指标不断进步

改革开放打开了国门，我国炼铁工业也不断引进国外先进技术，炼铁的技术经济指标不断进步。高炉燃料消耗是代表高炉炼铁技术整体水平最重要的指标，我国高炉燃料比自改革开放后整体保持明显的降低趋势（见图 3）：改革开放初期这一指标将近 600 千克/吨铁，而 2017 年主要企业高炉这一指标平均为 544 千克/吨铁、先进高炉平均为 500 千克/吨铁左右。其中，焦比从改革开放初期的 545 千克/吨铁左右下降到 2017 年主要企业高炉平均 363 千克/吨铁、先进高炉平均 306 千克/吨铁。

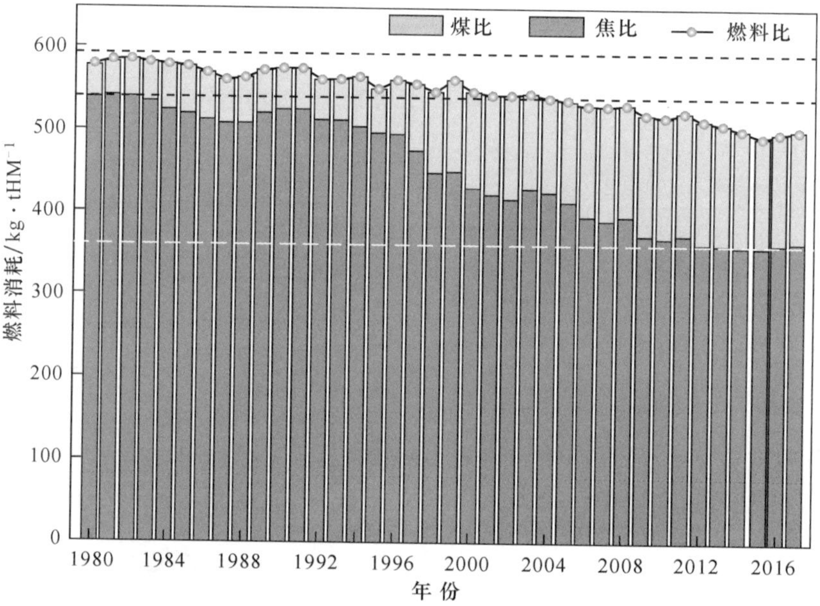

图 3　改革开放后中国高炉炼铁焦比、煤比和燃料比的推移图

指标的进步一方面得益于煤粉喷吹技术的推广，实现了以煤代焦。这使得喷煤量从改革开放初期的 50 千克/吨铁左右（部分高炉）增加到目前的 150 千克/吨铁左右（大多高炉）；另一方面得益于铁前系统整体水平的提升，如精料技术和高炉四大操作制度的优化，使得高炉顺行、炉况稳定。

与此同时，高炉利用系数的提升也表明了高炉整体技术的提升（见图 4a）。改革开放初期，高炉利用系数只有 1.5 吨/(立方米·日)，目前已经基本稳定在 2.2~2.5 吨/(立方米·日);中小高炉这一指标甚至更高。含铁原料入炉品位也从 20 世纪 70 年代末的 53%左右提高到目前的 57%左右（见图 4b)。此外，高炉热风温度也得到了明显的提高（见图 4c)，从改革开放初期的 1000 摄氏度左右提高到目前的 1140 摄氏度左右。尤其重要的是，原燃料质量得到明显改善，如烧结矿碱度从改革开放初期的 1.27~1.52 提高到目前的 1.85 左右。高碱度烧结矿的全面普及，使烧结矿的转鼓强度得到明显提高，这也促使固体燃料消耗量明显下降。

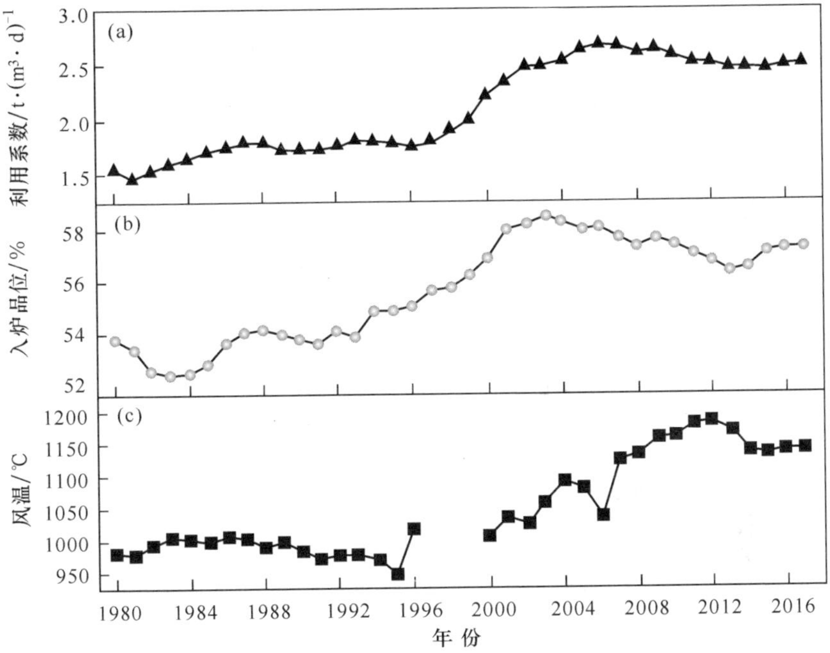

图 4 改革开放后中国高炉利用系数（a)、入炉品位（b) 及鼓风温度（c) 推移图

3. 炼铁装备快速升级

1978 年，我国拥有炼铁高炉约 982 座。其中，大于 1000 立方米的高炉数量仅 25 座，绝大多数高炉（大于 97%）为小于 1000 立方米的小型高炉。

改革开放加快了我国炼铁装备升级的步伐，大于 1000 立方米的高炉数量逐年递增。其增长趋势与生铁产量的趋势基本一致，即在 2000 年以前缓慢增长，而在 2000 年以后快速增长。

高炉大型化发展不仅可以提高产业集中度，而且可以减少排放和污染、提高生产效率、降低工序能耗和成本。1985 年 9 月 15 日投产的宝钢 1 号高炉（4063 立方米）是我国第一座 4000 立方米级的大型高炉，主要设备从日本新日铁引进，工艺装备和操控系统达到 20 世纪 70 年代末期的先进水平。宝钢另外 3 座高炉分别于 1991 年 6 月~1994 年 9 月投产。从我国 4000 立方米以上高炉数量变化来看，目前，4000 立方米以上高炉有 23 座，其中 5000 立方米以上的有 5 座。我国高炉平均炉容达到 1047 立方米，其中 1000~2000 立方米高炉的产能约占到总量的 35.8%。

除了高炉本体设备得到升级外，烧结、球团和焦化的设备水平也明显提高，烧结机数量增加并逐渐走向大型化，大于 130 平方米的烧结机数量也出现了变化。此外，炼铁过程的检测技术也取得了明显进步。传统高炉冶炼将高炉视为一个“黑箱”，高炉操作的关键在于工长的经验，使得炉况常常剧烈波动，影响高炉稳定顺行。基于打开“黑箱”的目的，各种高炉检测、成像技术和数值模拟技术应运而生，现在已可以清晰地观察到高炉内的料面形状、气流分布，以及风口区域的燃烧情况，为指导高炉操作提供了宝贵的参考依据。

4. 炼铁基础理论研究蓬勃发展

中国炼铁工业自改革开放以来稳中求进，中国炼铁工作者在应用理论研究方面也取得很多成绩。在改革开放初期的世界炼铁学术会议上，中国炼铁界只有寥寥无几的学者能够去参会，且主要是倾听和学习。改革开放后的今天，中国在炼铁领域的学术研究已经可在世界舞台上占有一席之地，在 2018 年维也纳第八届世界炼铁大会上，中国有 60 余名学者参会并做学术报告，引起热议，象征着我国炼铁领域的学术研究正在蓬勃发展。

在理论联系实际方面，高炉解剖是提高对高炉内反应行为认识最直接的手段。基于苏联在 20 世纪 50 年代和日本在 20 世纪 70 年代的解剖结果和经验，我国在 20 世纪 80 年代初对首钢一座 23 立方米高炉和攀钢一座 0.8 立方米高炉进行了解剖研究，并在 2007 年初对莱钢一座 128 立方米高炉进行了解剖，高炉解剖的结果验证和补充了对现代高炉冶炼过程的认识。

此外，我国在炼铁原燃料方面的基础理论研究也有重大突破。具有代表性的是烧结黏结相铁酸钙理论的研究与应用。这使得烧结矿的强度和还原性得到了明显提高，高碱度烧结矿在全国得到推广。近年来，我国在镁质球团的理论研究和应用方面也取得了很大进展。随着对焦炭在高炉内的行为认识的提高，炼铁工作者也可根据高炉的容积及不同冶炼条件来选择合适的焦炭，降低燃料成本，保证高炉顺行。

5. 未来要创新绿色发展

伴随着国家整体经济结构的转型升级，我国钢铁行业目前已经进入高质量发展和减量化发展阶段。炼铁工序作为钢铁生产的前端工艺，其能耗和排放占钢铁全流程的70%左右，因此，炼铁工业除了满足高质量和减量化的发展要求外，还需要承担起资源和环保限制的多重压力，创新绿色发展是炼铁工业唯一的出路。

目前，我国高炉炼铁的技术经济指标较国外先进水平还存在差距，如燃料比较国外先进水平高出约 50 千克/吨铁，高炉炉役寿命还有差距等。因此，中国炼铁工业一方面要努力降低工序能耗和减少污染排放，达到世界先进水平；另一方面要在非高炉炼铁领域不断探索，开发绿色洁净的炼铁工艺，如中国山东墨龙 HIsmelt 已经实现连续化工业生产，实现了粉煤和粉矿直接炼铁，月产量已突破 5 万吨；宝钢欧冶炉实现了低焦比条件下的稳定连续生产；气基直接还原工艺也将在中国山西“生根发芽”。作为世界第一产铁大国，我们任重道远，要更加努力加快实现炼铁工业的高质量发展。

（原刊于《中国冶金报》2018 年 11 月 14 日 1 版，作者　杨天钧　张建良　刘征建　李克江，单位为北京科技大学）

七、未来要致力于原始创新和技术集成

——刘浏对改革开放 40 年炼钢技术的回顾与展望

1978 年十一届三中全会正式拉开了改革开放新时期的序幕。当时，国内炼钢技术受到各种因素的制约，严重影响转炉的生产效率。随着改革开放的不断深入，国内炼钢技术发生了天翻地覆的改变，不仅实现了转炉大型化、高效化发展，建立了现代化炼钢流程，而且实现了炼钢技术的重大创新。可以说，40 年改革开放让国内炼钢技术得到了高速发展，也取得了举世瞩目的成就。

炼钢技术得到高速发展

40 年前，国内炼钢技术可以用“小、慢、差、费”4 个字形容：

“小”——炉容量小，多数转炉容量为 15～30 吨。当时的攀钢、本钢和鞍钢自主建设了 120 吨转炉和 180 吨转炉，但由于炉容小限制了转炉高效生产，且存在设计落后、施工质量差等原因，大型转炉未能很好地发挥其生产能力。

“慢”——生产工序不配套，完全采用铸锭工艺。铸锭凝固时间长、工序复杂、劳动强度高，不仅经常造成“漏钢”“跑钢”等生产事故，而且严重制约了转炉生产效率的发挥。这也成为高效化生产的技术瓶颈。

“差”——产品质量差、品种少。当时，我国尚未建立合理的洁净钢生产流程，缺乏炉外精炼和铁水预处理工序，而单纯依靠转炉很难保证产品质量。钢水纯净度低，钢中杂质总量不小于 500ppm（$1ppm=1\times10^{-6}$）。

“费”——产品能耗高、消耗高、成本高，污染严重。当时，多数转炉除尘采用燃烧法，不进行煤气回收，炼钢工序能耗高达 30 千克标准煤/吨；缺乏必要的除尘设备，氧化粉尘形成滚滚红烟，严重污染环境。

而改革开放使国内炼钢技术发生了天翻地覆的改变。

一是转炉实现大型化、高效化。目前国内已完全淘汰了 30 吨以下的小转炉，绝大多数转炉容量超过 100 吨，最大转炉容量为 350 吨。在大型化基础上，我国转炉进一步实现了生产高效化。以生产建筑钢材的转炉流程为例，其冶炼周期缩短至 26 分钟，单座转炉冶炼炉数超过 50 炉/日，年作业率超过 90%。不少大型转炉配备了副枪等自动吹炼设施，实现了“一键式”自动炼钢。绝大多数转炉采用复合吹炼工艺提高钢水质量，复吹炉龄超过 10000 炉。转炉生产技术达到国际先进水平。

二是多元化全连铸生产。改革开放 40 年来，我国连铸经历了以下变化：从无到有；从单一机型发展到包括薄板坯、薄带坯等各种机型；从只能浇注普通钢种发展到可生产硅钢、不锈钢、IF 钢等全部高附加值产品；从引进国外铸机发展到可以自主设计和制造各种类型的小方坯、大方坯、圆坯、板坯和特厚板坯等多种连铸机型，满足国内生产并大量出口。我国通过全连铸、高速连铸、薄板坯连铸和无缺陷铸坯生产等国家级技术攻关，使连铸技术迅速发展，连铸比超过 95%，达到发达国家的技术水平，形成我国具备多种连铸机型（几乎囊括全世界所有机型）、掌握多品种连铸工艺的多元化发展特色。

三是建立现代化炼钢流程。目前，国内绝大多数钢厂均已建立现代化炼钢流程，即铁水运输“一包到底”—铁水脱硫—转炉复合吹炼—炉外精炼—连铸—连轧；在满足各类钢材质量要求的前提下，实现高效低成本生产。例如，普通建筑钢材采用转炉—吹氩—连铸—热送—连轧流程，IF 钢、无取向电工钢等超低碳钢采用脱硫—转炉—RH—连铸—热送—连轧工艺流程，轴承钢、齿轮钢等严格控制钢中夹杂物的钢种采用（脱硫）—转炉—LF—RH—连铸—低温热送—连轧流程。钢材纯净度达到 250ppm 以下，许多品种可以降低到 100ppm 以下，最低为 65ppm，接近国际先进水平。

四是实现绿色化生产。国内转炉已全部实现煤气、蒸汽回收，吨钢煤气回收量一般为 110 标准立方米，最高为 130 标准立方米；蒸汽回收量一般为 60 千克/吨，最高为 75 千克/吨。高效化生产大幅度降低了炼钢能耗，使炼钢工序能耗降到-26 千克标准煤/吨，实现“负能炼钢”。在 OG 法除尘（湿法除尘）基础上，绝大多数转炉已采用干法或半干法除尘工艺，取消了污泥、污水处理环节；除尘后转炉烟气含尘量由 100 毫克/标准立方米降低到不大于 20 毫克/标准立方米。以提高转炉脱磷效率为中心，不少钢厂研究开发少渣冶炼工艺，石灰消耗量从 55~60 千克/吨降低到 25~30 千克/吨，渣量从 110 千克/吨下降到 70 千克/吨左右；研究开发多种转炉渣处理和循环利用技术，基本实现炉渣零排放。

炼钢技术取得多项重大创新成果

我国炼钢技术的巨大变革离不开技术创新。改革开放 40 年来，我国钢铁工业始终遵循引进、消化、再创新的科技发展方针大力开展炼钢工艺技术创新，通过引进国外先进生产设备，消化吸收国外先进生产经验，逐步建立起新的技术理念，并结合国内实际情况和各钢厂的具体实践进行再创新。40年来，国内炼钢领域取得了多项重大技术创新成果。

一是溅渣护炉与长寿复吹工艺。溅渣护炉是美国发明的一项重大工艺技术，将转炉炉龄从2000炉提高到10000炉以上。我国是全世界最早引进该项先进技术的国家，并在全国范围内大量推广。国内学者首先研究证明不同炼钢产品和生产工艺所形成的溅渣层及与炉衬相结合的机理完全不同，由此提出低碳高FeO高MgO炉渣（美国发明）和高碳低FeO高碱度炉渣两种溅渣工艺，分别适合于低碳钢和中高碳钢冶炼，完善并发展了溅渣护炉工艺；进一步优化大中小各类转炉的溅渣操作，解决了炉膛变形和炉口大量粘渣的技术难题。我国自主研发了利用溅渣护炉形成透气性蘑菇头保护复吹转炉底部喷嘴的工艺技术，解决了复吹转炉底部喷嘴寿命无法与溅渣后转炉寿命同步的世界性难题。通过这些技术创新，我国转炉炉龄普遍超过10000炉，最高达到30000炉，底吹喷嘴寿命基本与溅渣后转炉寿命同步，整个炉役期内终点钢水[C]·[O]在0.0023%~0.0027%波动。

二是薄板坯连铸连轧高效化生产技术。薄板坯连铸连轧新工艺与装备技术最先由欧洲开发，与电炉联合生产。我国是在自主研发薄板坯连铸连轧工艺的基础上，引进了国外技术，并实施了世界首次将薄板坯连铸连轧工艺与转炉生产相结合。在引进基础上，我国根据转炉高效化生产特点创造了世界薄板坯连铸连轧产量最高纪录和生产效率的最佳纪录。薄板坯连铸连轧的生产能力从150万吨/年提高到250万~300万吨/年。与此同时，我国还开展了薄板坯连铸连轧新产品的开发工作，可以生产高强钢、深冲钢、无取向和取向电工钢等高端产品。我国已成为全世界薄板坯连铸连轧生产线配备最多、生产能力最大、机型最齐全（包括CSP、ESP、Castrip等）的国家。

三是“负能炼钢”工艺与装备技术。“负能炼钢”并非严格的热力学定义，最初由日本学者提出，主要是指转炉回收煤气、蒸汽的热量大于炼钢消耗的能量。国内最早由宝钢开始推行，至2000年在全国范围内大量应用，逐步提升技术水平。国内“负能炼钢”技术进步分为3个阶段：第一阶段为转炉“负能炼钢”，主要工作是实现煤气回收和降低炼钢能源消耗。第二阶段为炼钢厂“负能炼钢”，以建立现代化炼钢流程为基础，通过高效化冶炼和全连铸生产，使包括转炉、精炼和连铸在内的整个炼钢车间生产能耗小于转炉回收的热量。第三阶段是炼钢—轧钢全线“负能生产”，目前某些生产建筑用钢的小型钢厂采用高速连铸技术提高出坯温度实现铸坯直轧，取消加热炉，达到炼钢—轧钢全线“负能生产”。采用以上技术，我国转炉“负能炼钢”的最佳水平可达到-26 千克标准煤/吨，整个炼钢车间可达到-2～-3 千克标准煤/吨。

四是高效低成本洁净钢生产技术。高效低成本洁净钢生产技术最初由日本提出，其核心是开发采用铁水“三脱”（脱硅、脱硫、脱磷）预处理工艺使转炉全部产品的杂质总量不大于 100ppm，生产效率比传统转炉提高 1 倍，生产成本不高于传统转炉普通钢生产。根据国内炼钢厂的技术装备水平，开发采用高效低成本洁净钢生产流程的基本特点是根据不同品质钢材的质量要求采用最经济、最高效的生产工艺，提高产品的竞争力（见表 1）。虽然国内高效低成本洁净钢生产工艺与日本的同类工艺相比，在产品质量和生产效率方面尚有一定差距，但与其他国家相比仍具有较强的市场竞争力。

表 1　国内高效低成本洁净钢生产技术路线与水平比较

品种＼指标	工艺流程	杂质总量/$\times10^{-6}$	生产效率	生产成本
普通钢	转炉—吹氩—连铸	500～700	1.5	最低
超低碳钢	铁水脱硫—复吹转炉—RH—连铸	80～150	0.8	较高
超低氧钢	（铁水脱硫）—复吹—LF—RH—连铸	T.O≤8	0.7	最高
无铝脱氧钢	铁水脱硫—复吹—LF—（RH）—连铸	200～250	0.8～0.9	较高
日本同类钢种	“三脱”—复吹转炉—RH—连铸	100	2.0	较低

注：生产效率以传统转炉生产普通钢，年产 1 万炉为基准。

技术创新方式须转变

今后 20 年，是我国钢铁工业从大国转变为技术强国的历史时期，关键是要实现技术创新方式的转变，即由学习借鉴国外先进经验再创新的方式转变为自主创新，向国外输出先进工艺技术，引领国际钢铁技术发展新潮流。

为实现这一目标，我们必须坚决落实中央提出的“大众创业，万众创新”的方针，将国家、企业和科技人员的资源、财力和智慧融合在一起，打破传统观念，把握世界炼钢技术发展的大趋势，实现原始创新和技术集成。今后，我们要做好以下创新工作。

其一，打造高效化炼钢新工艺。新一代高效炼钢技术应具有 3 个基本特征：一是要改变传统热力学与动力学条件，提高各基元反应的极限和速度；二是要与现代物联网和大数据相结合，实现万物互联，减少缓冲环节，保证各工序间平稳有序地运行；三是要采用智能化操作系统，减少人工操作产生的失误与迟滞，使传统冶金与现代信息技术完美融合。

其二，打造高效低成本洁净钢生产工艺。与日本相比，我国普通钢的生产效率虽高但质量较低；高品质钢的洁净度达到较高水平，但生产效率偏低。解决这一问题的根本方法就是要在日本研发的第二代铁水“三脱”工艺基础上，进一步开发第三代铁水“三脱”预处理工艺，建立自主知识产权的高效低成本洁净钢生产平台。针对第二代铁水“三脱”工艺存在的脱硫与脱硅、脱磷相分离，脱磷炉回硫较严重，低温下难以形成高碱度炉渣，影响脱磷、硫效果，以及炉渣无法循环利用等技术问题，我们可以大胆创新，突破传统束缚，研究开发出更高效率更完美的新工艺方法。

其三，打造新型全废钢冶炼工艺。当前，我国废钢积聚量日益增多，废钢产量已超过 1.5 亿吨/年，预计到 2020 年可达到 2 亿吨/年。降低铁钢比可以最大限度地减少污染、降低能耗。增加炼钢生产中的废钢用量，一方面要努力提高转炉废钢比，通过加快生产节奏降低热量损失和改进吹炼工艺等方法，将转炉废钢用量提高 1 倍，废钢比从 15%提高到 30%；另一方面要积极研究开发新型高效的全废钢冶炼工艺，以解决传统电炉熔化废钢能耗高、消耗高、成本高、污染严重等问题，使电炉钢冶炼成本基本与转炉相当，提升电炉炼钢的市场竞争力。

（原刊于《中国冶金报》2018 年 12 月 4 日 1 版，作者系钢铁研究总院原总工程师、江苏冶金技术研究院院长）

八、"我们正逐渐进入部分自主创新阶段"

——唐荻谈改革开放 40 年轧钢技术的发展成就和展望

"改革开放 40 年来，我们取得了长足的进步，到目前为止，传统的、常用的轧钢生产技术装备已经初步实现了国产化。正是由于有了这种成套大型技术装备的国产化，才有了我国钢铁工业的大发展。"近日，北京科技大学教授唐荻在接受《中国冶金报》记者采访时，对改革开放 40 年来我国轧钢技术取得的发展成就这样总结道。

轧钢技术有五大发展阶段

唐荻指出，20 世纪 70 年代，我国通过仿制苏联 20 世纪 50 年代的装备，建设了本钢 1700 毫米热连轧工程、攀钢 1450 毫米热连轧工程，还独立设计了舞阳钢铁 4200 毫米宽厚板工程。这些设备建成后，产品档次、质量水平普遍不高，运行也不十分稳定，甚至达不到原来苏联老设备的水平。

1978 年，国内可以称得上现代化轧钢装备的，只有 1978 年 12 月投产的武钢"新三轧"生产装备，即武钢的 1700 毫米热连轧、1700 毫米冷连轧和硅钢生产线工程。"那个年代绝大多数的地方企业完全不可能有现代化的轧钢装备，主体装备是我国在 1960 年后研发的装备，主要是 2300 毫米三辊劳特式中板轧机、250（300）毫米横列式小型轧机、76 毫米无缝钢管轧机以及叠轧薄板轧机。这些轧机只达到了 20 世纪初甚至更早的技术水平。"唐荻说。

唐荻回顾改革开放 40 年轧钢技术发展的历程，认为改革开放以后，轧钢技术的发展可以分为 5 个阶段：一是大规模引进阶段；二是系统的消化、吸收、学习阶段；三是提高制造水平、持续推广阶段；四是部分创新阶段；五是自主研发、系统创新阶段。

第一阶段基本上是技术全面引进。其中最重要的是宝钢一期的引进，几乎所有的主装备、配套装备全部来自引进，当时很多企业的装备也都走的这条路。例如，棒材、高速线材、无缝钢管轧机、宽厚板轧机等。

第二阶段，国内轧钢技术装备国产化最早获得成功的是 20 世纪 80 年代初的棒材连轧生产线，随后，20 世纪 80 年代末我国成功实现了高速线材轧机的国产化，2000 年成功实现了热连轧宽带钢轧机的国产化，2001 年成功实现了宽厚板轧机的国产化，2004 年成功实现了无缝钢管轧机的国产化，2009 年成功实现了冷连轧机的国产化，等等。

第三阶段，国产设备可以基本满足产品的性能需求，得到国内用户的认可，并开始大规模推广使用。

“最近几年，我国轧钢技术正逐渐进入部分自主创新阶段，虽刚刚起步，但可以表明一个新的阶段正在开始。当然，自主研发、系统创新阶段我们还没达到，应该在未来会实现。”唐荻强调。

轧钢技术装备国产化成就有目共睹

“在轧钢行业的发展过程中，我国轧钢技术装备不断实现国产化，技术水平也在不断提高。”唐荻介绍了轧钢技术装备国产化过程中的里程碑事件。

成套轧钢装备国产化取得的第一个成果是小型棒材轧机。20 世纪 80 年代初期，北京钢铁学院（后更名为北京科技大学）率先研发成功短应力线轧机，冶金工业部设备研究院、北京钢铁设计研究总院随后都推出各自的成套小型棒材轧机生产线。从此，国产的棒材轧机成套装备基本可以立足国内。目前，国内可以制造成套小型轧机的企业有 20 余家。此外，高速线材轧机成套技术装备的国产化约始于 20 世纪 80 年代末。目前，我国的哈飞、西冶都可以提供现代化的成套高速线材轧机装备。

国产化取得突破的第二个成果是热连轧宽带钢成套设备。在 20 世纪 90 年代末，在鞍钢的现代化改造中，热连轧宽带钢成套设备国产化的目标得以初步实现，由鞍钢、北科大、一重共同完成了第一套机械设备、自动化控制系统和模型全部国产化的现代化热连轧宽带钢轧机的建设。此后，莱钢 1500 毫米热连轧、日照钢铁 1580 毫米热连轧、济钢 1700 毫米热连轧、重钢 1780 毫米热连轧、鞍钢 2250 毫米热连轧等机组均成功建设。目前，传统热连轧宽带钢轧机已经完全可以自主制造，并且占据了国内绝大多数的市场份额。2017 年，青山集团、一重、北京科技大学在印度尼西亚合作建设的 1780 毫米不锈钢热连轧机成功投产，这是我国在现代化热连轧机成套技术装备出口方面，迈出的有意义的一步。

另一个重要成果是宽厚板轧机的国产化。第一套国产的现代化宽厚板轧机是2001年济钢的3500毫米宽厚板轧机，随后，我国于2005年建成了邯钢3500毫米的宽厚板轧机，于2009年建成了汉冶3800毫米宽厚板轧机。这些轧机的建设使我国在宽厚板轧机成套技术装备方面取得了重要的进步。特别要提到的是，和宽厚板轧机配套的在线和离线的成套热处理设备。从20世纪90年代末起，鞍钢的4200毫米宽厚板轧机上就有鞍钢、北科大共同研发成功的加密管层流的成套控制冷却设备。此后，东北大学、北京科技大学都研发了更加先进的热处理设备，为宽厚板质量的提升做出了贡献。

2004年，国内第一套代表先进无缝钢管技术水平的国产化连轧机组，在无锡希姆莱斯石油管制造企业投产。到目前为止，国内设备制造企业已经能够生产大部分无缝钢管生产需要的技术装备。

在冷连轧成套装备的国产化方面，2009年，宝钢联合一重、西重所等单位在宝钢梅山钢铁公司建设了完全自主设计、独立制造的成套冷轧装备，其工艺和设备达世界一流水平。这套冷轧装备实现了完全意义上的自主化和自主集成，从研发、设计、制造到调试、运行等机组建设的各个环节，从工艺、机械到电气、仪表、计算机等各个专业，全都实现了自主化。梅钢1420酸洗连轧机组采用五机架六辊UCM轧机（万能凸度轧机），轧机出口最高速度1700米/分；设计产品最薄厚度0.18毫米（厚度0.18~2.0毫米，宽度700~1300毫米），产能85万吨/年。

改革开放40年来，我国轧钢生产技术装备取得了长足的进步。唐荻举例说，20世纪90年代初期，国内某钢铁企业引进一套现代化的热连轧机，约90亿元人民币；在我们实现热连轧机国产化后，一套这样的轧机国内制造仅在16亿元人民币左右。其他各种轧钢的成套装备情况都类似。正因为如此，企业买得起、用得起，才有了我们今天每年8亿吨的钢铁产量。

在品种研发与生产方面，现在我国海工钢厚度能够达到大于380毫米，桥梁钢厚度可以达到115毫米，性能可以达到420兆帕，管线钢（X80）的厚度可以达到30毫米以上，国际领先。汽车结构钢（热成型钢）强度可以达到1800兆帕，冷轧板强度最高可以达到大于1200兆帕。热轧带钢方面，可以大批量生产的带钢最薄为0.8毫米，实现了以热代冷。现在一重和北科大轧制中心正在建设世界最宽的2550毫米热连轧带钢机组。此外，一重和北科大在印度尼西亚也建成了中国出口国外的第一条现代化的1780毫米热连轧带钢轧机。

全行业轧钢技术进步十分突出

唐荻指出，改革开放以来，全行业的技术进步和成绩也十分突出。

一是技术人员和技术队伍日益成为企业提高竞争力的重要力量。许多企业技术中心在企业发展中的作用越来越大，技术人员越来越成为核心力量，重视技术人员的企业竞争力明显提高。

二是经过20多年的引进消化再创新，重大冶金装备的国产化工作有了长足进步。目前绝大多数装备可以自给自足，甚至一些非常先进的装备也能够生产。由于国产化的成功大大降低了设备价格，使很多企业买得起先进装备。

三是目前我国很多产品产量世界第一，近年来一些企业开始引领世界产品研发的潮流，越来越多的世界首发产品开始出现。

四是钢铁行业的研究队伍快速发展。一些大学、研究院所、大型企业的技术中心都建立了非常强大的钢铁研发队伍。现在，我国从事钢铁技术研究的专家、技术人员队伍在世界居第一位，并且这支队伍的层次很高、年纪很轻、配置合理，对于今后的技术发展作用不可估量。

五是通过大规模的技术升级和装备更新，我国的钢铁生产装备发生了质的变化，我国主要钢企的技术装备绝大多数是最近10年内新建的。可以说，世界最新、最好的冶金生产设备都在中国。

六是各大学、研究院所和一些大型企业的实验室在近年进行了大规模实验设备更新。我国钢铁行业实验装备在世界上也最先进、最齐全、最完善。但是，属于自己研发的实验装备不多。

七是随着技术研发与市场、企业竞争力的结合越来越紧密，我国钢铁技术服务、研发模式正在转变，从“国外做什么，我做什么”的模式，转变为“市场、用户需要什么，我做什么”的模式。钢铁企业从只研发钢铁产品，转变为可以为用户提供技术，更好地为用户服务。

近年来，轧钢领域技术的发展成就有目共睹。例如，宝钢建成了世界首条高强度冷轧柔性连退线、国内首条具有自主知识产权的双辊薄带连铸连轧线、世界最薄的取向硅钢生产技术，天津中重科技建成了世界最大、自主研发的连轧 H 型钢生产线，太钢建成了世界首条全连续、全工序不锈钢冷轧线，首钢完成了基于正向设计的重卡轻量化设计与钢种开发等。

迈入钢铁强国的路径

唐荻指出，虽然经过改革开放 40 年的发展，我国的轧钢装备技术总体看解决了有无的问题，但是这些装备技术基本是来自国外，自己独创的不多，且国外一直在发展新技术。例如，棒线材的在线固溶、等温处理，薄板坯连轧的无头轧制等。我国装备、工艺、产品综合发展水平较低，理论、技术创新均较弱，基本没有引领的技术。

唐荻认为，未来轧钢技术的发展方向包括：连续化、短流程、近终型加工、多工序集成加工（高效化）、全流程质量与性能控制、智能化（无人车间、机器人应用）、产品性能综合发展（质量稳定、强韧化、功能化）、绿色化（去酸洗、余热利用）、用户技术开发逐步系统化。

唐荻指出，要实现钢铁强国的目标，需要具备以下 7 个条件。一是有一定的产量，特别是一些有特色的产品有一定的量。二是钢铁产品的品种齐全，可以满足国民经济各个行业需求，没有短板。三是某些特色产品质量、性能是世界顶级的，长期稳定，成为他国学习的标杆，并且在国际市场上成为无可替代的抢手货。四是有一流的人才培养机制、技术研发团队、实验装备，并且这些实验设备主要是自主设计，针对特定功能需要而制造，这才能保证最前沿的研究。五是钢铁行业要不断推陈出新，有新成果问世，新理念、新理论、新工艺、新标准、新技术等都引领世界。六是新的理论能有新装备支撑，能实现新产品的研发，并且该装备能推向国际市场，产品、装备能形成国际新标准。七是整体发展均衡。

唐荻强调，钢铁企业需朝以下方向努力。

一是精细化的研究工作。现在解决了有无的问题，但是一些产品性能的稳定性差，主要是对最终影响质量的因素把握有所欠缺，对关键环节控制不够造成的。“因此，为提高质量，特别是提高质量的稳定性，我们需要做精细的工作，认真研究各工艺环节、各装备环节的核心技术，抓住核心，精确控制。”他强调。

二是加强工艺与装备研发，差异化从装备做起。装备是优质产品的基础，想要有差异化的产品，只有创造差异化的装备才行，所以在技术革新上下功夫，在装备改造上下功夫就是重要途径。

三是加强科研协同创新和综合创新工作。现在技术提升的难度越来越大，涉及的领域越来越综合。比如，品种质量提高，涉及的技术领域有材料、冶金、轧钢、自动化、机械设备等，多学科协同的工作越来越重要。另外，钢铁工业的技术研发本身就是一个很古老的学科领域，要想有新的发展，一定要强化基础理论的突破，在此基础上进行应用技术的研发，才能推动整体的进步。同时，技术与装备研发必须加强，没有装备一切都是空的，而在这方面我们也非常弱。

四是改变考核标准和评价体系。一些大学关注的是论文，而不关心实际技术创新；一些企业关注首发，不关注使用新技术、新装备，怕出问题，尤其是国企。

五是注重用户技术研究，在用户合理、高效使用钢铁材料方面提供更好的服务。现代的工艺技术发展非常迅速，对于材料的要求越来越高，用户也越来越苛刻，帮助用户合理、高效、节约和正确地使用钢材，越来越成为钢厂的任务。如果钢厂能够在用户技术上服务好，企业效益就会好。

（原刊于《中国冶金报》2018 年 12 月 7 日 1 版，记者　王 志）

九、为高质量发展夯牢基础

——那宝魁、管炳春对我国钢铁工业改革开放 40 年质量工作的回顾与展望

改革开放 40 年来，我国钢铁行业发生了翻天覆地的变化，钢铁质量也有了巨大的提高。从改革开放初期的钢材产品质量存在着诸多问题、钢企质量管理水平低，到今天的钢材品种实现突破性发展、钢企质量管理水平与国际

并肩，40年间，钢铁质量实现了质的飞跃，并为钢铁行业的高质量发展奠定了坚实的基础。

40年钢铁质量工作成就显著

改革开放40年来，钢铁质量工作取得了显著的成就，尤其是在钢材品种质量提升、钢铁企业质量管理水平提升、质量管理体制机制探索等方面实现了巨大的突破。

其一，钢材品种质量今非昔比。

改革开放初期，我国钢材品种质量存在着诸多问题：在港口码头车站货场里，仅从外观上看，盘条“披头散发”，钢卷“大舌头”“大尾巴”“开天窗”“塔型锈蚀”，型材长短不齐（不定尺）等现象很普遍；冷轧卷堆场不用细看，就能分出哪个是浦项和新日铁生产的，哪个是国产的。经过40年的发展，我国钢材质量有了质的改变，同时钢铁企业在包装质量、配送服务质量、质量证明书的传送及防伪等方面也都取得了较大进步。对绝大部分钢材品种来说，现在无论是从产品质量还是从包装质量上看，国产钢材基本与进口产品无异。

目前，我国主要钢材品种的质量都能够满足相关用钢行业的要求，普通碳素结构钢、优质碳素结构钢、低合金结构钢、轴承钢、不锈钢、齿轮钢、弹簧钢等钢种的实物质量水平都有了较大幅度的提高。钢铁企业无论是对这些主要钢材品种的内在主元素、强化元素的波动范围，还是磷硫及有害元素含量的精准控制水平也都有了较大幅度的提高，使它们的机械性能、功能性都较好地满足了用户的使用要求。即使是一些标志性的钢材品种，如笔尖钢、手撕钢，也都取得了技术突破，实现了商业化生产。除了满足国内市场的需要外，我国每年还有数千万吨钢材的出口，以满足国际市场的需要。从某种程度上说，我们是钢铁大国，也是正在强起来的钢铁强国。

其二，质量管理水平大幅提高。

改革开放40年来，钢铁企业质量管理经历了从“六五”期间开始的企业整顿，“七五”期间抓钢材及相关工序产品的合格率，到“八五”期间抓钢材产品实物质量达到国际同类产品先进水平的“双优双标”比率，“九五”

期间按照ISO9000质量管理体系抓企业的质量保证能力、升级达标，再到“十五”及其后期按照美国鲍德里奇国家质量奖标准实现追求卓越的质量经营，几年一个台阶，扎实推进，取得了丰硕成果。

20世纪80年代，武钢坚持走质量效益型发展道路的经验，在钢材短缺、价格“双轨制”的年代，在全国工业系统学习推广，取得巨大反响。20世纪90年代到21世纪，年产粗钢200万吨以上规模的数百家钢铁企业，陆续通过了ISO9000质量管理体系认证，并随着ISO标准的修订升级，持续保持认证。最近18年来，宝钢、鞍钢、马钢、包钢、兴澄特钢、邯钢、安钢等近20家优秀企业，陆续获得全国质量奖。这一系列管理工作的推进，对增强广大干部职工的质量意识、市场意识、顾客意识，对质量基础工作的改善、流程的优化，对主体装备和研发装备、检测装备的配置和信息化，对钢材品种的开发和实物质量的稳定提高，都起到积极的促进作用。

其三，积极探索质量体制机制创新。

改革开放之前，我国钢铁行业的质量管理体制完全是学习苏联的，即以质量检验和工艺监督两条主线设立质量部门，以钢铁生产涉及的专业建立科室，例如铁焦科、钢轧科等。1978年，国家经委组织从日本引入了全面质量控制（TQC），后来又发展成全面质量管理（TQM）。40年来，钢铁企业逐步开始强调全员、全面、全过程的质量管理，并相继开展了群众性质量改进活动（QC小组活动）及“质量月”活动。1987年，我国引入了ISO9000质量管理体系，开始建设国家认证制度，第一次把质量工作和经营紧密结合起来了。2000年，全国质量奖评审工作终于得到时任国务院总理朱镕基的同意，重新恢复，每年从50多家申报企业中，评审出10家全国质量奖企业，为追求卓越的企业，树立了很好的标杆。

近年来，随着消费升级，铁路用钢、家电厨房用钢、汽车用钢、食品包装用钢等用钢行业对钢厂提出了大量的要求，包括统计技术5大工具应用等方面的要求。这些要求促进了钢铁企业的管理进步和体制机制创新，使企业从传统的科层制调整为按用户行业划分生产组织，形成了家电用钢事业部、汽车用钢事业部、能源用钢事业部等部门。同时，为了改进产品质量，钢铁企业也尝试了如QC小组、信得过班组、六西格玛、5S（整理、整顿、清扫、清洁、素养）、8D（团队导向问题解决方法）、创新工作室等诸多质量管理工具，并取得了一定的效果。另外，在新产品开发方面，钢铁企业采取了产学研结合、IPD（集成产品开发）、EVI（供应商先期介入）、“JIT（准时制生产方式）+C2M（客户对工厂）”等方式，也都取得了好的效果。

其四，质量工作氛围发生巨大变化。

20 世纪 80 年代，受钢材短缺的影响，国家对钢材价格实行“双轨制”，计划内是低价格，计划外是高价格。在极端情况下，废次材的价格都高过计划内的钢材价格。当时常说的话是，“钢材是皇帝的女儿不愁嫁”“萝卜快了不洗泥”“抓质量靠觉悟，靠党性”。时任武钢党委书记黄墨滨、总工张寿荣是当时抓质量的杰出企业家代表。为了鼓励企业提高产品质量，当时在国家计委的支持下，有几个钢材品种通过加严标准条款，搞了优质优价政策，国家对企业提高质量的成本付出给予一定补偿。为了保证产品质量，国家对部分钢材产品、金属制品、耐火材料、轧制工具实行了生产许可证制度，对重要钢材品种实行国家质量监督抽查和部级质量监督检验制度，催生了国家级和当时冶金部级产品质检中心、省级产品质检中心建设。在计划经济向市场经济转变过程中，这些政府主导的质量政策和做法，在当时起到了非常积极的作用。

行业性政府主管部门撤销后，随着商事制度改革的深入，市场在发挥资源配置方面的主导作用越来越得到政府主管部门的认可。生产许可证、国家监督抽查这些行政手段逐渐弱化，钢铁企业在市场竞争中的主体地位凸显。当时，靠自身过硬的产品质量、周到的服务、适当的成本，以及便捷的流程来赢得充分竞争市场下的用户忠诚，是企业面临的新的生存环境。20 世纪 90 年代起，民营钢铁企业异军突起，直到现在占据半壁江山，客观上也推动了国有钢铁企业的质量技术进步。国有钢铁企业从最初的抱怨民营企业争资源争市场，到批评有些民营企业不规范、不开票、不治理污染物排放等，再到现在只能比较体制机制的灵活程度、社会负担的轻重不同。可以说，在用户面前、在标准面前，体制方面的差别已经淡化了。与此同时，钢铁产能利用率只有 75%左右的市场环境，为常规产品质量的稳定、边缘规格的开发、新产品的研制创造了条件，企业不但要从眼前的市场上挣钱，还要考虑持续经营。这促使钢铁行业逐步进入到了一个相对稳定的质量发展阶段。

其五，钢铁装备、信息化水平已达到世界一流。

以鞍钢鲅鱼圈、首钢曹妃甸、宝钢湛江基地、山钢日照基地为代表的一批新企业和老企业新生产线实现装备的大型化、自动化、部分单元的智能化，为产品质量的提高提供了有力的保障。

特别是“十三五”期间，国家推进工业化和信息化的两化融合，对钢铁企业包括5级或5.5级架构的信息化体系建设，起了很大的推动作用。从基础自动化开始到各工序各类半成品生产过程的2级工艺自动控制，实现了工艺参数自动设定自动记录，以便于质量追溯和产品开发时的质量分析；到3级的高级排程、能源中心、环保中心、远程集中计量、智慧门禁、高效物流配送；再到4级的ERP（企业资源计划）系统各功能模块上线运行；直到5级或5.5级的总经理“驾驶舱”、辅助决策支持系统，多年来，信息化体系逐步形成了钢铁行业的智能制造骨干神经网络系统，为下一步真正实现一定规模的智能化，打下了坚实的硬件、软件基础。

对于产品质量而言，影响产品质量的5大因素是人（员）、机（器）、（原）料、（方）法、环（境），其中人是最活跃的因素，也是最容易引发质量波动的因素。冶金装备的大型化、自动化、信息化，甚至智能化，都大幅度降低了一线员工的劳动强度，改善了他们的劳动条件，且由于计算机严格执行工艺规定，还大幅度缩小了质量的波动范围。同时，忠实的记录系统也为质量缺陷的原因分析及工艺参数改进提供了充分的数据。现在人们常说：“看最先进的冶金装备不用出国了，都在国内。”这是我们钢铁强国建设的重要支撑。

钢铁质量发展须汲取的教训

回顾40年发展，钢铁质量工作也有一些教训值得汲取。

一是在产业集中度的调整上，我们错过了最佳的机会。2008～2015年，钢铁行业进入寒冬期，很多企业家、专家学者都在反思，为何行业会走到这么困难的境地？其中一个共识是，钢铁行业多年来放弃了产业集中度的调整，且错过了两三次机会。在产业布局的调整上，笔者认为，现在的很多提法，包括城市钢厂、通道城市等，都是不够科学的。我国的工业体系是非常完整的，产业链条也是几十年来逐步形成的，没有哪一个行业全面提出要搬离城市，向沿海沿江地区聚集的。这样大规模的钢厂搬迁，对行业的健康发展是不利的，造成的浪费是巨大的，同时也可说明这是对污染转移的问题研究不够充分。因此，笔者建议有关方面对城市钢厂整体搬迁应该认真慎重决策。

二是行业的同质化非常严重，缺少品牌。翻开企业的职代会报告，企业转型发展的战略几乎是一模一样的，都是“1+*N*”或“*N*+1”，都是精品基地，都是“互联网+”，而企业对自身独有的资源禀赋、客户群体、产品组合、物流便捷程度等思考不多，一味照搬、照抄。20 世纪 80~90 年代，冶金工业部曾想让 15 个特钢企业对 8 大特殊钢种做适当的专业化分工，做到最后也不是很理想。而现在产品充分竞争，连冷轧硅钢、家电用彩涂板、管线钢、高强汽车板、标准件用冷镦钢这些有较高技术含量、较高生产难度的产品都是遍地开花。在稍微有点名气的用户企业招标的时候，钢铁企业就竞相杀价，往往是最低价的中标，这对行业的有序发展非常不利。

三是有些质量管理工具运用的有效性还有待提高。数十年来，钢铁企业引入了太多的管理工具，如 ISO9000、IATF16949、FMEA（失效模式和影响分析）等，开始大家都比较重视，做得有模有样，然而随着时间的推移，就变得疲沓、松懈，有时候甚至迷失在工具的海洋里，很多时候甚至把形式和内容、目的和手段搞反了。这是钢铁企业今后需要长期加以克服的。所谓大国工匠、企业家精神，质量是最后的注脚。

对钢铁行业高质量发展的建议

对今后钢铁企业高质量发展，笔者有以下几点建议。

一是要保持一定的规模。在高压环保及严格限产的背景下，企业如果没有一定的规模，生存都很困难，遑论发展。

二是要绿色发展。企业要实现达标排放、超低排放，实现产品绿色化、工艺过程绿色化、废弃物资源化，进而优化能源结构、运输结构。

三是要智能化发展。企业要在苦累脏险的岗位实现机器换人，以降低质量安全风险，提高劳动生产率，增强综合竞争能力；在有条件的生产线进行智能生产线建设试点。同时，企业还要汲取“互联网+”比赛烧钱的教训，做到不跟风、不盲动。

四是要牢固树立大质量观。企业要把股东、员工、顾客、供应商和社会都纳入质量管理视野，追求让所有相关方满意。虽然在不同的时段，不同的相关方重要程度可能有差异，但是从可持续经营的角度看，任何一个相关方的诉求如果长期得不到满足，企业吃亏是早晚的事。

五是要加强品牌文化建设。和最终消费品不同，钢铁产品的品牌基本就是企业的品牌。企业的产品组合中，哪些品种肩负本企业的质量文化、价值观最多，企业就应该着力把这些品种的质量水平搞上去，如宝钢的汽车板、武钢的取向硅钢、马钢的轮轴、兴澄特钢的轴承钢、邢钢的冷镦钢盘条、法尔胜的钢帘线、方大的弹簧扁钢等。

六是要练好基本功。企业应把 ISO9000 质量管理体系当成基本功来练，把高端用户的二方审核、全国质量奖评审等当作对这一质量管理体系运行有效性的考试，做到以不变应万变。同时，企业还要把铁水的成本控制住，少买煤，多发电，按照殷瑞钰院士的钢铁企业 3 大功能（一是高效率、低成本、高质量的钢铁产品制造功能，二是高效率能源转换和能源及时回收利用的功能，三是大宗社会废弃物的消纳处理和再资源化功能）理论，做好钢铁企业生态发展的大文章。

（原刊于《中国冶金报》2018 年 12 月 13 日 1 版，作者分别是原冶金工业部质量司司长、北京国金衡信认证有限公司董事长）

第二节　企业篇

一、陈德荣：中国钢铁进入洗牌最好时机

宝钢（现更名为中国宝武）是中国改革开放的产物，是国企改革的先行者，通过几十年的艰苦创业、持续创新，创出了世界一流业绩，建成了世界一流企业，引领中国钢铁工业走上现代化发展之路，开创了中国钢铁工业发展的新模式。7 月 31 日，《中国冶金报》记者来到中国宝武，采访了中国宝武党委书记、董事长陈德荣。7 月末的上海，骄阳似火，但在陈德荣眼里，中国宝武的事业比这天气更火热。

含着“金钥匙”出生的中国首个现代化钢企

1978 年 12 月 23 日，在党的十一届三中全会胜利闭幕的第二天，在扬子江畔，宝钢打下了第一根桩，标志着宝钢建设全面拉开了序幕。当时，正值十年动乱结束不久，中国各项事业百废待兴，都需要投入。国家节衣缩食，拿出 300 亿元建设一个钢铁企业，还是引起了不小的争议。伴随着争议和质疑，宝钢建设也几起几落，但党中央建设宝钢的决心始终不曾动摇。邓小平同志预言：“历史将证明，建设宝钢是正确的。”

40 年过去了，宝钢交出了怎样一份答卷？陈德荣告诉《中国冶金报》记者，宝钢不仅是中国改革开放后特大型引进项目的成功实施者，而且是中国改革开放政策取得成功的实践验证者。宝钢人“建好一个宝钢、上交一个宝钢、输出一个宝钢”，向全国人民交出了 3 份出色答卷，以优异的经营业绩实现了国有资产的保值增值目标。

作为改革开放以来国家斥巨资兴建的首个现代化大型钢铁企业，历代宝钢人不辱使命，走出了一条成功的宝钢发展之路，为中国钢铁工业的腾飞写下了浓墨重彩的一笔。总结宝钢经验，陈德荣认为有以下几个方面值得关注：

宝钢走出了一条大规模“引进—消化—吸收—创新”建设特大型现代化钢铁企业之路，开创了中国钢铁企业赶超国际先进技术之先河。宝钢在消化、吸收的基础上，大胆探索系统集成、自主创新，创造了特大型工程建设项目系统管理和特大型钢铁企业现代化生产管理新模式，其经验已辐射传播到国内其他兄弟企业。

宝钢走出了一条钢铁企业质量效益型集约式发展之路。宝钢摒弃了传统的粗放型生产方式，从一开始就定位于国内市场紧缺、替代进口的高附加值、高技术含量产品，始终瞄准国际最先进技术，与用户实行产品质量标准和质量管理体系的对接，从追求产量、产值转向追求质量、效益，又上升到追求企业价值最大化，取得了巨大的经济效益和社会效益。

宝钢走出了一条中国钢铁企业的新型工业化之路。其从建设时期起就立足于生产制造的自动化，注重信息技术与钢铁生产技术的结合；关注生态友好，大力投资于环保设施，从源头上控制污染，保护环境，节能降耗，推进资源的循环利用；坚持“以人为本”，为员工的成长和人才价值的发挥提供巨大的舞台，人才成为宝钢最重要的战略资源。

宝钢走出了一条中国国有企业做大做优做强的改革发展之路。在生产能力、销售规模不断扩大，跻身于国际先进钢铁企业行列的同时，宝钢从一个计划经济体制下的钢铁厂，转变为市场经济体制下独立经营、自负盈亏的市场竞争主体，遵循市场规律，把握市场机遇，以强大的国际竞争力跻身于世界一流企业行列。

数字或许是枯燥的，但又最具说服力。从 1985 年 9 月宝钢一期工程建成投产到 2018 年 6 月，中国宝武累计产铁 6. 81 亿吨、钢 7. 61 亿吨、钢材 7. 04 亿吨，实现销售收入 4. 4 万亿元，实现利润 3017. 99 亿元，上交税费 2971. 82 亿元。宝钢是国内最大、全球前三的汽车板制造企业，汽车板年生产能力超过 1000 万吨。另外，宝钢取向电工钢年生产能力达到 80 万吨，产量规模居世界第一位，约占全球取向电工钢总产量的 1/3，完全满足了我国输配电行业的需求。

如今，在国民经济各个领域，大到高铁、航天航空、大飞机、核电，小到汽车、家电，我们都能看到宝钢产品的“身影”。可以说，宝钢既是中国改革开放的产物，同时也用钢铁“脊梁”支撑起中国改革开放的宏伟事业。

宝武重组赢在“整合协同”

中国宝武钢铁集团有限公司由原宝钢集团有限公司和原武汉钢铁（集团）公司联合重组而成，于 2016 年 12 月 1 日揭牌成立。中国宝武注册资本 527. 9 亿元，资产规模 7395 亿元，产能规模 7000 万吨，位居中国第一、全球第二。对于这艘由中国最具竞争力的两家大型钢企联合打造的钢铁航母，能否做到行稳致远？对此，陈德荣给《中国冶金报》记者看了两组数据：

2017 年，中国宝武实现钢产量 6533 万吨、营业收入 4642 亿元、利润 140 亿元，同比增利 70 亿元；上交税费 230 亿元，同比增加 32. 5%。其中，特别值得一提的是，湛江钢铁于 2017 年投产后实现全面盈利，当年实现纯利润 23. 1 亿元。

2018 年上半年，中国宝武粗钢产量为 3269 万吨，同比增长 1. 9%；实现营业收入2058亿元，同比增长8.2%；实现利润总额138.2亿元，同比增长59.1%。

对这一成绩的取得，陈德荣坦言："人努力，天帮忙。"他表示，借助国家大力推进供给侧结构性改革的东风，中国宝武在做好"加、减法"，充分发挥协同效应，大力推进混合所有制改革等方面进行了大胆的探索，取得了积极的成效。

一是推进瘦身健体，经营管控质量显著提高。中国宝武坚定不移、不折不扣地贯彻落实党中央、国务院深化供给侧结构性改革的战略部署，持续化解钢铁产能，强势推进压减工作，取得显著成效。2016年、2017年累计化解钢铁产能1542万吨，原定三年目标提前一年实现。2017年，中国宝武坚持"企业不消灭亏损，亏损就消灭企业"的原则，进一步加大扭亏增盈和治僵脱困工作力度，累计压减法人户数180户，亏损子公司户数同比下降61户，累计完成33户"僵尸企业"和特困企业的处置，为发展新业务腾挪了空间，受到国务院国资委好评。

二是加快整合融合，协同效应充分释放。中国宝武稳扎稳打，联合重组一年多来整合融合"1+1>2"的协同效应充分体现。钢铁产业成绩斐然，通过首日计划、百日计划和年度计划，宝钢股份重点推进研发、采购、营销、财务、信息化5个方面的协同效益项目。经过努力，截至2017年底，整合工作按计划节点高质量完成了680项任务、196项里程碑任务、52项协同效益快赢项目，取得了超预期的成效。同时，非钢业务跨单元协同整合也持续突破，为后续深度融合奠定了扎实基础。外界曾经最为关心的两家企业（宝钢、武钢）的文化融合也进展顺利。一年多来，中国宝武在文化融合方面展现出强大的凝聚力。

陈德荣认为，中国宝武重组成功主要赢在"整合协同"，两家企业发挥了协同效应，解决了很多市场的问题，比如采购的协同、营销的协同、研发的协同、产线分工的协同，通过专业化整合带来协同效应，双方实现了优势互补。例如，原来宝钢有研究院，武钢也有研究院，研究的东西都是一样的，而且互相保密。两家企业在舟山都有码头，产品也有很多雷同。这样的例子比比皆是。通过重组提高产业集中度，一定是提高效益、效率的有效手段。他认为宝武重组是一个比较经典的案例。

三是以市场为导向，积极探索混合所有制改革。中国宝武以市场为导向，因企施策，积极探索国有企业混合所有制改革。2015 年以来，中国宝武实施了 23 个混合所有制改革项目，引入非公资本 17.3 亿元。目前，中国宝武共有混合所有制企业 115 户，占企业总数的 23%，集团营业收入和利润的 70% 来自混合所有制企业。2017 年 5 月，欧冶云商实施了首轮股权开放和员工持股，引进了本钢集团、首钢基金、沙钢集团、建信信托、普洛斯和三井物产等 6 家战略投资者，126 名员工成为股东，募集资金超过 10 亿元。

陈德荣指出，打造钢铁生态圈是一个新的商业模式。欧冶云商利用中国宝武在制造端的优势，通过一个新的商业模式，使欧冶云商与金融、其他产业进行协同，从而在服务领域挖掘钢铁业未来发展的空间和价值。他表示，随着中国宝武在制造领域产业集中度的提高，其在服务端的话语权也在进一步提高，欧冶云商的竞争力及其与主业协同的价值也会更大。未来，围绕着钢铁生态圈建设，中国宝武会更多地在服务领域进行更大的市场化布局。这个布局是全方位的，既有互联网、信息化、大数据，也有金融、供应链、物流加工配送体系，从而为最终客户创造最大价值，与钢铁产业协同发展。今后，中国宝武还会与相关企业一起加大这方面的投入，共同打造这个第三方平台。

中国钢铁业要成为高质量发展的典范

陈德荣指出，中国钢铁业在钢厂吨钢投资成本、建设周期等方面效率处于世界前列，但在劳动效率、研发效率、财务效率等运营方面与世界先进企业尚有较大差距。

在与《中国冶金报》记者交谈中，陈德荣表示，差距表明中国钢企要实现高质量发展任重道远，但目前中国钢铁业高质量发展的窗口期已经打开，中国钢铁业要成为中国经济高质量发展的典范。陈德荣强调，中国钢铁业要实现高质量发展，首先要做到绿色化，其次是精品化，再次是智慧化，最后是国际化。他表示，中国宝武作为行业龙头，应率先垂范推进高质量发展，具体来说，要做好以下几方面工作：

高质量推进宝武重组和融合工作。宝武联合重组深刻吸取了以往的经验教训，真正在“重组”和“融合”上下工夫。陈德荣介绍，2017 年是中国宝武重组的第一个完整年，公司将重心放在钢铁主业的聚焦融合上；2018 年，在进一步深化钢铁主业聚焦融合的基础上，重点推进多元产业的聚焦融合。

高质量推进“处僵脱困”和压减法人工作。截至 2017 年底，中国宝武已经压减、关闭和处置 180 户低效和不符合产业发展方向的法人。2018 年将继续做好国资委重点关注和督办的几大特困企业的脱困工作，压减 30%的参股企业。

高质量推进混合所有制改革。中国宝武在一级子公司层面全面推进混合所有制改革。宝钢股份和宝信软件相继实施股权激励计划，欧冶云商实施第一轮股权开放计划。下一阶段，中国宝武将以国有资本投资公司试点为契机，在新业务、新产业新建企业时就会联合各种市场主体，以多元化的方式推进混合所有制，实现共建共享。

大力推进由钢铁到材料的转型。中国宝武作为钢铁材料制造企业具有发展新材料得天独厚的优势。下一步，中国宝武将聚焦大交通、新能源、传统用材提升等市场领域，以铁基新材料、炭基新材料、轻金属材料制造为重点发展方向，打造集材料及应用研发、材料制造、材料加工服务于一体的综合材料供应商和解决方案服务商。

持续推进人事效率提升工作。中国宝武结合聚焦重组，将人事效率提升作为一项长期的任务，列入各子公司的商业计划书和子公司领导人任期责任制考核内容中，刚性规定每年必须完成不低于 8%的人事效率提升工作。迫使子公司要么做大分母（提高业务规模），要么做小分子（减少冗员）。

进一步加大智能制造推进力度。中国宝武以技术装备较先进的宝钢股份为重点，全力推进智能制造工作。宝钢股份智能制造已完成由导入阶段向系统化落实阶段的转变，构建集智能装备、智能工厂、智能互联于一体的智慧制造体系，打造面向未来的全新竞争优势，力争在钢铁行业形成可复制可推广的经验与模式，为我国钢铁工业实现智慧制造率先垂范。

针对中国宝武下一步发展目标及战略定位，陈德荣保持着非常清醒的头脑。他表示，2017 年以来，钢铁行业形势虽有所改善，但并未改变整个行业长周期调整的趋势。中国宝武作为一家央企、钢铁行业的龙头企业，在践行国家战略、实现宝武愿景使命的征程中，在新时代必须有新担当、新作为。

中国宝武制订的首轮战略规划（2016~2021年）显示，未来中国宝武将打造以绿色精品智慧的钢铁产业为基础，新材料、现代贸易物流、工业服务、城市服务、产业金融等相关产业协同发展的格局。陈德荣向《中国冶金报》记者展示了中国宝武发展的一幅幅宏伟蓝图。

钢铁产业是中国宝武承担国家产业责任的主要载体，也是中国宝武从产业经营向资本运营转变的关键一环。钢铁产业定位于成为中国第一、世界领先的精品钢铁制造服务商。

新材料产业聚焦大交通、能源及新型建筑用材等领域，探索和培育若干符合战略选择的前沿新材料方向，打造集研发、制造、加工服务于一体的综合材料供应商和解决方案服务商，培育集团新的支柱产业，成为中国宝武第二大制造业务板块。

现代贸易物流业服务于冶金工业原燃材料、钢铁及相关材料和制品、相关大宗商品全流通领域，构建共建共享的基于互联网B2B开放平台和服务型生产体系，积极推动行业秩序重构。

工业服务业依托集团的技术积累与品牌优势，以服务集团和行业为起点，为企业和社会提供全生命周期、高效运营的系统解决方案及相应的工程服务。

陈德荣透露，中国宝武准备投入几亿元建立一个全球高炉低碳冶炼共性技术平台，向全球开放，这是宝武承担行业绿色发展社会责任的一个举措。中国钢铁工业发展到今天，有能力也有义务来承担更多的社会责任。“中国钢铁业是中国制造业走向世界为数不多的具有竞争力的行业，过去我们主要是跟随，未来我们要加快引领全球钢铁创新的步伐。”他表示。

城市服务业以存量不动产盘活为基础，适度增量为辅，以“产、融、网、城”一体化为抓手，聚焦发展产业不动产，催生配套的城市新产业，创新“厂区-园区-城区”协同发展新模式，成为中国领先的园区综合开发和运营服务商。

产业金融业打造专业化、市场化、平台化的产业金融服务体系，为冶金及相关产业提供供应链金融、产业基金、资产管理和社会财富管理等金融综合服务，成为集团重要的支柱产业。

陈德荣表示，到2021年，中国宝武将成为具有国际竞争力的钢铁产业资本投资公司，完成适应“一带一路”倡议的国际化布局，产能规模为8000万~1亿吨；相关产业领域拥有若干个营业收入过千亿元、利润过百亿元的支柱性产业和一批百亿元级营业收入、十亿元级利润的优秀企业。

对上述目标的实现，陈德荣显得信心十足。他表示，钢铁强国的标志一定要有强企，这也是中国宝武给自己的定位。中国宝武将不忘初心、砥砺奋进，牢记党和国家的嘱托，勇担钢铁强国使命，引领示范行业转型升级，全面提升企业竞争力和影响力，努力成为全球钢铁业引领者。

中国钢铁进入洗牌最好时机

陈德荣指出，任何一个行业都有一个“野蛮生长”的过程，中国钢铁的发展模式是没有先例可循的。中国目前钢产量已经突破8亿吨，产能突破10亿吨，这样一个规模可以说是前无古人、后无来者的。世界上除了中国，还没有一个国家钢产量突破过2亿吨。在“野蛮生长”时期，谁投资都能挣到钱。在这个阶段，一定不会有产业集中度的提高，过剩经济是真正的市场经济的一个标志。因为市场经济一定是一个充分竞争的、市场在资源配置中起基础性作用的，这个基础性作用发挥一定是在市场充分竞争基础上产生的。中国钢产量达到一定峰值后，必然会走向专业化、产业集中化。通过市场化竞争、法治化监管，低、小、散、乱、差企业最终会被淘汰，从而形成竞争性的平衡。“凡是有巨大挑战的时候，一定也会带来巨大机遇。危机危机，危肯定有机。所以，我认为现在是中国钢铁行业进行洗牌的最好时期，也是进行结构调整的时期。谁有竞争力谁就能够胜出。”他指出，在过去，对一个企业来说，扩张规模是有边界的，而今天在互联网时代，企业管控的方式、手段发生了巨大的变化，商业模式创新也发生了巨大的变化。“所以，提高产业集中度一定是中国钢铁工业未来发展的规律，至于是由宝武还是由其他钢企来重组，我认为这并不重要。”他举例说，日本钢铁工业在20世纪七八十年代就进入过剩，2017年新日铁住金和日新制钢又进行了一轮整合，它还在提高产业集中度。“中国钢铁工业协会会员企业有380家，伴随着重新洗牌，产能下降，集中度提高，还会剩几家？当然，不管有几家，中国宝武一定是其中最大或者说最优秀的一家，这是我们对自己的期许。”陈德荣语气显得非常自信。

陈德荣认为，参与中国钢铁洗牌，中国宝武未来发展有两大抓手：市场化重组和国际化产能合作。

2017年4月，中国宝武作为主发起人，与美国WL Ross公司、中美绿色东方投资管理有限公司、深圳市招商平安资产管理有限责任公司共同成立了四源合股权投资管理有限公司，并以此为平台设立了钢铁企业重组基金——四源合基金，旨在为中国钢铁行业去除过剩产能，加快结构调整和转型升级服务。四源合基金首发项目——司法重整重庆钢铁股份有限公司，正在按计划推进，目前重钢实现了大幅扭亏为盈。

在陈德荣看来，四源合这种重组模式，更接近市场化原则，未来将成为中国宝武重组的一个主要手段。

中国宝武作为中国制造业首家（2003年）、连续15年进入世界500强的企业，国际化经营是其一直坚持不变的战略。陈德荣指出，现在，有越来越多的中国钢企进入了世界500强行列，但多数还是国内企业，称不上是跨国公司，更不是全球化企业。他强调，原宝钢就是一个国际化的企业，宝钢是改革开放的产物，是国际产能合作的典范。即使在20世纪八九十年代，宝钢哪怕国内效益再好，也要坚持每年拿出10%的产品出口，参与国际竞争，经受国际市场检验，从而追上国际先进步伐。但是，国际化也有个把握时机和火候的问题。前20年，国内市场好于国际市场，中国宝武将目光更多聚焦于国内市场，以满足国内需求为主。而国际市场虽然看上去“很美”，但实际运行起来有很多不确定的因素。他认为，过早的国际化投资并不一定会带来丰厚的回报，有的反而成了企业沉重的包袱。但是，随着“一带一路”倡议得到越来越多国家和地区的响应，未来，中国宝武将以“一带一路”和国际产能合作为抓手，加快全球化步伐。他透露，目前，已经有了一些潜在的合作对象，相信在不久的将来，在“一带一路”沿线国家和地区，中国宝武将有一些实实在在的合作项目落地。

2014年，陈德荣由浙江省调任中国宝武工作，2015年就赶上了钢铁行业“最惨淡的年代”，全行业陷入亏损境地。对此，陈德荣深有体会。他对《中国冶金报》记者表示，只要有付出，就一定有回报。任何时候，再好的行业也有不好的企业；同理，再不好的行业也有活得不错的企业。企业和个人一样，关键是做好自己，把专业的事做到极致，让企业的竞争力始终在行业当中处在前列，从而把竞争对手远远甩在后面。

（原刊于《中国冶金报》2018 年 8 月 7 日 1 版，记者 熊余平）

二、姚林：瞄准高质量发展目标 在新起点上再出发

12 月 22 日，由中国钢铁工业协会指导，鞍钢集团、中国冶金报社共同主办的中国钢铁行业庆祝改革开放 40 周年高峰论坛在辽宁鞍山举行。鞍钢集团有限公司党委书记、董事长姚林在致辞时回顾了鞍钢和新中国钢铁工业 70 年，特别是改革开放 40 年来的发展历程，同时展望了未来 30 年的美好前景。

姚林介绍，1948~1978 年是新中国钢铁工业第一个 30 年的稳健发展，为改革开放奠定了经济基础，鞍钢是勇于开拓者。70 年前的 12 月 26 日，中国共产党领导下的鞍钢宣告成立，标志着新中国第一个大型钢铁联合企业诞生，也标志着新中国钢铁工业建设启程。鞍钢创造了新中国第一炉铁水、第一炉钢水等诸多第一，完成了举世瞩目的“三大工程”（鞍钢无缝钢管厂、大型轧钢厂、炼铁厂 7 号高炉工程）建设。1949 年开展的“两革一化”（技术革新、技术革命，合理化建议）工作，引发了全国工业企业大力开展技术革新运动。鞍钢支援、包建了 20 余个大型钢企、13 个省市冶金工业建设，为国家发展提供了大量钢材、人才，为形成中国钢铁工业基本布局、为国民经济发展和国防建设做出了积极贡献。

“1978~2018 年，中国钢铁工业 40 年的快速发展，印证了改革开放的巨大成功，鞍钢是率先实践者。”姚林说。

1978 年 9 月 18 日，党的十一届三中全会召开前 3 个月，邓小平同志第 5 次来到鞍钢并发表了重要谈话，提出了“要革命、不要改良”“引进技术改造企业，第一要学会，第二要提高创新”等重要思想。这次谈话被收录到《邓小平文选》第二卷，成为中国工业企业改革开放的行动指南。按照小平同志的指示精神，鞍钢不断推进科技创新，大力开展技术改造，率先实施精干主体、分离辅助改革，建立完善现代企业制度。2010 年鞍攀重组后，鞍钢集团积极应对经济发展新常态、钢铁行业冰冻期的双重考验，推进差异化管控、

市场化改革、契约化经营，不辜负习近平总书记对鞍钢“凤凰涅槃、浴火重生”的期望，在2017年实现扭亏的基础上，今年生产经营指标达到了历史最好水平。

姚林表示，70年特别是改革开放40年来，鞍钢为国家发展做出了重要的经济贡献、社会贡献、管理贡献。他介绍，鞍钢累计生产生铁6.9亿吨、粗钢6.96亿吨、钢材5.74亿吨，上缴利税2030.74亿元，相当于国家对鞍钢投入的38倍。从新中国成立10周年的北京十大建筑到西气东输、南水北调等国家重点工程，从59式坦克到辽宁舰等大国重器，都使用了鞍钢钢材。毛主席亲笔批示的“鞍钢宪法”，是新中国探索现代工业化道路的历史性成果，在推动中国工业企业管理创新的进程中，发挥了重要的引领、示范作用。鞍钢先后涌现出各级劳动模范、道德模范10414人次。孟泰、王崇伦、雷锋、郭明义、李超等鞍钢英模的崇高精神，深深地影响了几代钢铁人的价值选择和道德追求。

姚林指出，70年特别是改革开放40年来，尤其是党的十八大以来鞍钢走过的历程，给我们的启示是：必须坚持党对企业的领导，没有共产党，就没有新鞍钢；必须坚持依靠职工群众办企业，职工群众是推动企业改革发展的根本力量；必须坚持改革创新，用技术创新、管理创新、经营模式创新推动企业发展；必须坚持正确发展方向，建立现代企业制度；必须坚持培育和弘扬企业精神，不断增强发展活力。

“从现在起到21世纪中叶的30年，是鞍钢和中国钢铁行业坚持高质量发展、助力实现‘两个一百年’奋斗目标的攻坚时期。”姚林表示，习近平总书记在中央庆祝改革开放40周年大会的讲话中指出，要毫不动摇地坚持发展是硬道理、发展应该是科学发展和高质量发展的战略思想。鞍钢集团有决心、有信心、有能力，在习近平新时代中国特色社会主义思想的指引下，在中国钢铁工业协会的指导下，与在座的各位领导、专家、同仁一起探索、实践，开辟一条深化改革开放、实现高质量发展的新时代钢铁之路。

“开辟新时代钢铁企业高质量发展之路，就是要挺起中国钢铁脊梁，实现钢铁强国梦想。”姚林强调，从毛主席赶英超美的豪言，到习近平总书记要从制造大国迈向制造强国的指示，钢铁强国梦始终是伟大复兴中国梦的重要组成部分。鞍钢愿意与兄弟企业一道，牢牢把握改革开放机遇，制造更优材料，创造更美生活，推动中国钢铁工业从建起来、大起来到强起来。

“开辟新时代钢铁企业高质量发展之路，就是要推进转型升级提质增效，打造钢铁企业升级版。”姚林进一步强调，当前，以人工智能、清洁能源、量子信息、虚拟现实、生物技术为主的全新技术革命已经开启。鞍钢愿意与兄弟企业一道，做强做精材料事业，持续升级矿产资源事业，择优发展工业服务事业，大力推进工厂“黑下去”、数据“透明化”、产品“亮起来”，以技术革新推动钢铁企业高质量发展。

“开辟新时代钢铁企业高质量发展之路，就是要践行新发展理念，建设新型钢铁生态圈。”姚林最后强调，在首届中国国际进口博览会由鞍钢举办的产业链论坛上，鞍钢发出了共建“绿色、智造、共赢”生态圈的倡议。鞍钢愿意与兄弟企业一道，整合资源、集合众长，变“抱团取暖”为“抱团供暖”，丰富资源供应链、产业发展链、产品应用链，把生态圈做大；信息互联、优势互补，变争夺资源为共享资源，把生态圈做精；鼓励特色，细分市场，变同质化竞争为差异化发展，把生态圈做优；建设绿色矿山、打造绿色工厂、推进绿色制造、生产绿色产品、发展绿色产业，把生态圈做美。最终，建成一个与时代发展同步，具有自我提升、自我完善、自我净化功能的绿色、智造、共赢的钢铁生态圈。

（原刊于《中国冶金报》2018 年 12 月 25 日 1 版，记者　何惠平）

三、高质量发展将给中国带来深入灵魂的变化
——于勇谈改革开放 40 年中国钢铁工业的发展

“习近平总书记在党的十九大报告中明确提出，中国特色社会主义进入了新时代，中国经济转向了高质量发展阶段。我认为，十九大报告对改革开放 40 年做了一个圆满的结论，同时对以后国民经济的发展提出了一个新目标——高质量发展，这意味着中国经济社会进入一个全新的时代。”8 月 7 日，中国钢铁工业协会会长，河钢集团党委书记、董事长于勇就纪念改革开放 40 周年接受《中国冶金报》记者专访时表示。

于勇认为，改革开放40年，中国钢铁工业取得的巨大成就是有目共睹的，不过，也积累了很多需要解决的问题。

理性认识“成长的烦恼”

“回顾钢铁工业改革开放40年的发展，审视其转型发展的现状，我认为，对钢铁工业的发展经历、现在面临的环境和一些困难，全行业应该有个理性的认识。”于勇认为。

首先，一方面是改革开放40年造就了现在的中国钢铁工业，但反过来讲，中国钢铁工业的巨大发展也极大地支撑了中国工业化的进程，这是相辅相成的。

“改革开放以来，中国钢产量从1978年的3000多万吨到现在的8亿多吨，中国钢铁工业的产能、规模极大地扩充了，装备水平极大地提升了，工艺极大地完善了。从产品结构到技术进步，从管理水平到商业模式、员工队伍、创新能力等，中国钢铁工业这40年不断由小到大、由弱到强。”于勇介绍。

同时，他认为改革开放以来，我国成为制造大国，钢铁产业功不可没。进入21世纪以来，我国生产了80亿吨钢。如果没有这80亿吨钢，哪能建起鳞次栉比的高楼大厦、纵横交错的铁路公路？如果没有钢铁产业的支撑，航空母舰、大飞机、深海石油采炼核心装备技术的突破无从谈起。钢铁如同坚硬的骨骼一般，强力支撑着大国崛起。1949年，我国只有15.8万吨钢，我们是弱国，需要站起来；1978年，全国钢产量刚过3000万吨，我们是贫国，需要富起来。改革开放后，钢铁产业质和量迅速提升，国家才有了强起来的基础。

其次，要理性认识中国钢铁工业现在所面临的行业环境问题，包括产能过剩问题。“我认为，过剩问题和环境问题是中国钢铁工业‘成长的烦恼’，是我们在成长当中必须解决的问题。”于勇说。

“40年之前，我们面对的是短缺问题，需要不断地加大投入、加大市场投放量，去支撑两位数的增长速度；当从量的积累发展到质的提升的时候，规模扩张的发展势头需要改变。而增长速度一旦放缓，势必要带来一些过剩产能。产能过剩问题，我倒觉得它恰恰给高质量发展带来一个选择的余地，没有量的积累，很难做到质的提升。”他强调，钢铁工业的快速发展支撑了中国整个经济社会的快速发展，同时，也的确对我们的环境容量、发展模式，包括现在的排放标准、产业结构、扩张方式，带来了新的问题，这些新问题就是当前需要解决的。

“我曾经在内部会议上说过，现在大量的中间商屏蔽了我们和客户端之间的一切，但这些现象并不能说明我们过去做错了什么，那是我们那段时期必然选择的发展路径，不同的发展时期赋予企业不同的发展认识和理念，这是理性的、辩证的，因为企业不会超越一个经济社会发展的阶段去看问题。”于勇介绍。在他看来，相对于人民日益增长的美好生活需要，相对于社会主义现代化强国建设的要求，钢铁产业还存在着发展不平衡不充分的问题，主要是产业发展与生态环境容量不平衡、区域之间发展不平衡，以及总体创新能力、系统集成能力不足等问题。

“十九大提出高质量发展，恰恰就是中国钢铁工业由量变到质变、实现钢铁强国的路径。”于勇认为。

规划高质量发展路径

“未来，以党的十九大为一个时间节点，对历史经验进行总结并对未来进行设计、定位非常必要，在高质量发展问题上，应该就钢铁工业的下一个 10 年或 40 年进行规划。”于勇认为，未来 10 年或者 40 年，中国钢铁工业在由量变到质变的过程中，要寻求一些新的发展路径。

一是高质量发展与追求规模和速度是完全不同的发展路径，也是完全不同的发展模式。

于勇表示：“规模增长就是投资拉动，就是追求大型化、追求效益、追求速度，但经济走上高质量发展的转向期，最大特点是数量速度要‘下台阶’、质量效益要‘上台阶’。随着新时代的到来，产业迈向中高端对钢铁工业有效供给的需求不再是追求‘量大面广’的同质化产品，而是转到了满足个性化、差异化需求为主的新阶段，主要任务是填补‘质量缺口’，增强发展的质量优势。”

二是以服务为导向的商业模式、专注于满足客户的核心价值，是实现高质量发展的突破口。

于勇介绍："河钢集团的这10年或是这几年，大量工作还是以高质量发展为突破口、为着眼点。一个大型国有企业实现装备现代化、规模化、大型化以后，下一步从量变到质变的着眼点是什么？高质量发展的突破口是什么？高质量发展的路径怎么选择？高质量发展的支撑是什么？这些给钢铁工业和其他行业提出了新的课题。"

数据显示，尽管我国工业从数量指标上看已经到了工业化中后期，但是工业服务尚未从制造业中剥离出来并独立发展，仍停留在工业化中前期阶段，工业服务发展水平滞后导致产业结构"低端锁定"。对此，于勇认为，高质量发展赋予钢铁产业全新的内涵，提供了崭新的成长境遇，外部环境迫使钢铁产业由以生产制造为中心向以工业服务为重心转移，服务要素日益成为钢铁产业链条价值创造的主导因素。未来，企业的竞争优势将体现在追赶客户的速度上。"如果企业总是根据自身的问题驾驭企业，是没有胜算的。企业的指挥棒应该来自客户端，客户端的需求、客户端对企业的想法永远是企业发展的方向。"于勇指出。

"由于整个社会的进步、商业模式的转变和理念的提升，钢铁产品已经不是简单的工业产品的概念，而是一个囊括了从科技到人才、到商业模式、到创新等所有元素在内的一个概念。"于勇强调，"这迫切要求我们颠覆对人才、技术、创新的传统认识，以钢铁为基，汇聚起现代社会最活跃的元素，深度嵌入下游及新兴产业，加速向钢铁材料解决方案综合服务商转变，实现从'跟跑'向'领跑'的跨越。"

三是"补绿色短板"也是一次重塑竞争力的机遇。

于勇认为，对钢铁行业来讲，首先要深刻思考资源-能源约束、环境-生态约束等带来的挑战，通过高质量发展，解决绿色化、智能化等深层次命题。一方面，持续通过总量调整、区域调整等措施来解决环境容量不足、环境质量不平衡等问题，实现与城市发展共享共融；另一方面，集中力量攻克关键共性技术难题，开发更高强度、更好性能、更长寿命的高效绿色钢材产品，充分挖掘钢铁产业的绿色低碳价值。

四是要以开放的心态聚合全球资源。

“自主创新从来都不意味着闭门造车。我们强调自主创新，但同样仰赖于灵活的市场机制和开放的竞争环境。”于勇表示，站在促进钢铁产业更上一层楼的高度，我们应该以更开放的心态聚合全球资源。40年的快速发展，中国钢铁早已深深烙上了全球资源要素互补和产业链协同的显著特征。随着中国经济结构的深度调整和世界钢铁产业发展格局的不断变化，快速发展的中国钢铁产业迫切需要新的空间，在行业发展的原始创新方面，须与世界顶级企业携手共进。同时，中国钢铁企业也需要在国际化进程中，创新借鉴世界先进的经营理念和商业模式，完善提升体制机制和管理水平，实现在全球配置资源。

“高质量发展必然赋予钢铁工业一个全新的内涵，即符合当代经济社会发展方向的、符合挖掘人才优势的、具备创新能力的，特别是拥有全新商业模式的发展。当下，互联网就提供了一种全新的发展路径。”于勇指出。

“总而言之，高质量发展对我们国家几十年形成的人才优势、创新优势，包括技术优势、管理优势、组织架构优势将产生更大的激发作用。”在于勇看来，高质量发展最终会把我们的技术、创新、互联网技术的应用推到一个新的高度，还会使我们在全球化理念的推动下，发展出更好的商业模式。

高质量发展的河钢探索

“任何伟大的解决方案都源于问题本身。”于勇强调，近年来，河钢以充分满足高端客户需求倒逼潜能释放，对全要素进行总动员和总释放，适应新商业模式、“互联网+”、人工智能等创新元素的要求，提升个性化、定制化服务水平。

在工业服务领域，河钢延伸钢铁产业链条，加大产学研用融合力度，持续推进钢铁产业向深加工领域和高端制造业延伸，重点培育高端装备制造、工业设计、信息技术、新型钢铁材料以及智慧物流等现代工业服务产业。目前，河钢已经同中科院等知名科研机构和东北大学、北京科技大学、澳大利亚昆士兰大学、美国佐治亚理工学院等院校共同建立研发中心，与北汽、国能、五矿、浦项等知名企业合作建设配送加工中心，通过系统配套和深入对接，快速推进钢铁产业链向下游高端用户嵌入式延伸，与客户的黏度持续增强。

“原来河钢对技术投入还仅限于产线改造，后来感觉到，研发的真正引领应该在客户端，所以我们现在把一大笔研发费用投入到家电板研发中心、汽车板研发中心，让企业的研发直接接触到客户端的需求，以此拉动企业发展。”于勇介绍。

另外，于勇举例称，河钢推进产线作为独立市场单元的变革，让我们感受到一个全新的管理模式和创新模式对高质量发展的支撑作用。“全员推进的营销理念，包括用客户结构倒逼产品升级，折射出高质量发展的全新的市场理念。”于勇指出，没有竞争、没有市场意识，高质量发展是缺乏活力的。

“纵观河钢这些年来的发展，从来没有出现过像高质量发展时期这般对科技投入的力度、对人才开发的力度、对创新推进的力度、对商业模式创新的力度，包括对市场的开拓力度。”于勇感慨。

“目前，河钢正在全面推进工业服务业务，准备成立一个大型子分公司——河钢工业技术服务有限公司。它将等同于唐钢、邯钢这样的体量。我想为整个工业特别是钢铁工业提供一个全新的模式。”据于勇介绍，3~5年之内，河钢在工业技术服务领域要实现一个突破，分纵向、横向两块，分别做到一定深度。一是优先选择几个下道工序、几个大型企业进行战略合作。二是河钢可能会投一部分资本收购南方一些小的零部件企业，改造成模块化企业。

“河钢对国家战略的追随、对行业的追随不仅力度会越来越大，而且要逐渐在某些领域实现引领，至少目前在国际化方面，我们是引领的。未来，希望在商业模式的创新上，我们可以谈引领；在市场化模式上，也可以谈引领。”于勇表示。

“前40年，是让我们看到一个从无到有、由小到大的巨大的物质变化。未来10年或者40年，钢铁工业的高质量发展将给中国带来深层次的、内在的、深入灵魂的变化。”于勇强调。

（原刊于《中国冶金报》2018年8月7日1版，记者　陆闻言　刘加军）

四、刘明忠：坚守初心使命不动摇　持续改革创新谋发展

“中国一重不仅解决了我国重大技术装备有无的问题，打破了核心关键技术要不来、买不来、讨不来的困境，而且实现了从跟跑到并跑、领跑的转变，有效保障了国家经济安全和国防安全，取得了辉煌的业绩，谱写了壮丽篇章。”12月22日，中国一重集团有限公司董事长、党委书记刘明忠在由中国钢铁工业协会指导，鞍钢集团、中国冶金报社共同主办的中国钢铁行业庆祝改革开放40周年高峰论坛上指出。

坚守实业　做强产业

刘明忠指出，中国一重从建厂之初成功设计制造12500吨自由锻造水压机、1150毫米方坯初轧机等一批重点设备，结束了我国不能生产成套机器产品的历史，开始肩负起了为新中国工业化、现代化建设提供重大技术装备的历史重任，在重大技术装备领域“啃最硬的骨头”，为国家实施一系列重大工程建设提供了关键成套设备和基础材料保障。

中国一重设计制造的产品先后供货鞍钢、宝武、首钢等各大钢铁企业，中石油、中石化、中海油旗下各大石油化工企业，中核、国电投、中广核等各大核电企业，一汽、东风、江淮等各大汽车企业，东北轻合金、西南铝业、渤海铝业等有色金属企业，以及神华、平朔、准噶尔等大型煤炭生产基地。这不仅带动了我国重型机械制造水平的整体提升，而且有力地支撑了国民经济和国防建设。“尤其是在高端装备发展上，改革开放以来，中国一重依托自主创新，研制出包括冶炼、轧制、连铸在内的冶金成套设备，发展成为冶金企业全流程设备供应商，是我国少数具备向国内外钢铁企业提供具有自主知识产权的成套轧制设备的制造商。我们自行开发研制的国内第一套大型冷连轧机组——鞍钢1780毫米冷连轧机组荣获2007年度国家科学技术进步奖一等奖。”刘明忠告诉《中国冶金报》记者。

中国一重自行研制的5500毫米宽厚板粗轧机、2150毫米热连轧机、2130毫米五机架冷连轧机、3800毫米中板轧机等上百套高端冶金装备不仅占领了

市场，替代了进口，而且为钢铁行业的技术进步和产品升级做出了重要贡献。“进入新时代，中国一重将与大家一起积极贯彻新发展理念，加快建设制造强国，加快发展先进制造业，坚持以提高质量和核心竞争力为中心，坚持创新驱动发展，扩大高质量产品和服务供给，占领世界制高点，掌控技术话语权，从‘中国制造’向‘中国创造’大步迈进，全力提升中国经济的全球价值链地位。”刘明忠呼吁。

持续改革　创新奋进

当谈到改革对中国一重的影响，刘明忠表示，近些年，正是因为深化改革，才使中国一重这个“老国企”重新焕发出“新青春”，于 2017 年一举扭转了连续亏损的不利局面，实现扭亏为盈的目标。2018 年，中国一重将继续保持稳定增长的态势。

“改革必须毫不动摇地坚持党的领导；改革必须有精神思想格局，从思想观念上破题，以发展战略为引领，强化责任担当；改革必须坚定不移地走市场化道路，抓住最主要的矛盾。”刘明忠强调。

他指出，中国一重改革既始终坚持党的领导，保证改革方向，又强调调动基层积极性，“摸着石头过河”，不断研究新情况、解决新问题，从而把改革不断推向前进。同时，中国一重还着力增强改革系统性、整体性、协同性，“压茬拓展改革广度和深度”，在发展战略中明确改革工作，解答全面深化改革改什么、向什么方向改、改到什么程度等问题。此外，中国一重领导班子勇于直面问题，强化责任担当，既敢于向“顽瘴痼疾”开刀，又坚持改革发展成果更多、更公平地惠及全体职工，构建企业与职工利益共同体、事业共同体、命运共同体。2017 年，中国一重通过改革使在岗职工年人均收入增长 7%以上，2018 年力争实现 9%以上的增长目标。

“我们努力改革经营管理模式，确立以营销为龙头的生产经营新机制，打破几十年以生产为中心的经营理念，2017 年新增订单同比增长 50. 9%，并连续两年新增订单同比增长超过 50%。”刘明忠表示，“同时，我们紧紧抓住‘牛鼻子’，针对三项制度改革中的顽疾真下猛药，真刀真枪地改，建立市场化选聘、契约化管理、差异化薪酬、市场化退出机制，达到了改革‘一子落，满盘活’的效果，使企业发展活力、动力得到有效激发。”

实干开新局　改革再出发

刘明忠表示，站在新的历史起点上，中国一重将高举习近平新时代中国特色社会主义思想伟大旗帜，深入学习贯彻习近平总书记视察东北三省重要讲话及视察中国一重时的重要指示精神，按照党中央、国务院统一决策部署及上级部门工作要求，坚持解放思想永远在路上，坚持深化改革永远在路上，坚持强化管理永远在路上，坚持从严治党永远在路上，弘扬改革创新精神，推动思想再解放、改革再深入、工作再抓实，坚定改革决心，增强发展信心，凝聚改革合力，明确发展路线图，以实干开新局、促改革再出发。

一方面，中国一重将加快传统产业优化升级，瞄准智能制造，进一步提高核心制造能力，加快形成工艺、技术、装备系统总集成和提供全面解决方案能力，继续为钢铁、电力、石油石化等关系国家安全和国民经济命脉行业提供更为先进的技术装备。另一方面，中国一重将加快培育新产业、新动能，在传统装备制造板块基础上，大力发展新能源、新材料、节能环保、农机、金融等板块，从而将一重发展成为多元发展、多极支撑、具有全球竞争力的世界一流企业。

改革只有进行时，没有完成时。"中国一重紧密团结在以习近平同志为核心的党中央周围，以习近平新时代中国特色社会主义思想和党的十九大精神为指导，以更坚定的决心、更科学的举措、更有力的行动深化改革，在已取得改革成果基础上，推动企业不断朝着世界一流的目标迈进。"刘明忠强调。

（原刊于《中国冶金报》2018 年 12 月 26 日 1 版，记者　王　志）

五、以更大力度改革　推动高质量发展

——山钢"掌门人"侯军谈山钢改革实践及未来发展战略

"2015 年之前，我还是个钢铁'局外人'，虽然没有直接与钢铁'打交道'，但中国钢铁工业的发展有目共睹，从新中国成立后长期'缺铁少钢'成长为世界第一大产钢国。2015 年 11 月，山东省委、省政府任命我担任山钢集团党委书记、董事长。从'门外汉'到置身其中，我对钢铁有了切身的感受。"侯军对《中国冶金报》记者讲述道。

改革开放40年来，伴随着一次次的思想解放、理论创新和体制改革，一次次的经济波动、结构调整和市场起伏，中国钢铁工业乘风破浪、开拓创新，在改革中发展，在发展中壮大，产业结构、管理体制、装备水平、产品竞争力等都得到了较大发展。伴随着钢铁工业的发展，山东也成为我国钢铁大省。2008年3月26日，山东钢铁集团有限公司正式揭牌，标志着山东钢铁产业进入一个新的发展阶段。

"如今，距山钢集团的成立已经10年过去了。在这10年里，中国钢铁产业市场变幻之剧烈、发展之迅速，前所未有。也是在这10年里，山钢集团按照'资产重组，淘汰落后，调整布局，提升档次'的方针和'突出沿海，优化内陆，精品与规模并重'的发展战略大力推进，取得了积极成效。但与先进企业相比，山钢集团在体制机制、产业布局、竞争实力等方面仍有很大差距，转型升级的任务依旧十分艰巨，改革发展进入了关键阶段。"侯军告诉《中国冶金报》记者。

改革转型，山钢挺起坚强"脊梁"

2015年，全球经济深度调整，复苏缓慢；国内经济"三期叠加"，下行加压，众多企业都在亏损"泥潭"中苦苦挣扎。山钢产业板块中的钢铁、矿业、耐材、房地产等行业，需求强度下降，消费拉动明显减弱。山钢钢铁产业连续多年亏损，非钢产业散弱小、支撑力不足，风险集聚，企业运营压力大，山钢一度成为山东省属企业中的"老大难"。

就在2015年，中央经济工作会议提出在适度扩大总需求的同时，着力推进供给侧结构性改革。山钢各产业板块大都属于供给侧，属于改革领域。因此，外部环境倒逼企业加快体制机制改革和转型升级，走内涵式发展道路。

"山钢的出路在改革、转型、创新，不改革就没有出路，不转型就没有前途，不创新就没有希望。"侯军说道。但差距到底在哪里？改革之路如何走？转型该往哪里转？

侯军介绍，带着问题，山钢集团领导班子深入各权属单位，把脉问诊、了解实情；主动走出去，对标先进、寻找差距，在全公司上下掀起了新一轮解放思想、深化改革、赶超先进的风暴。“跳出山钢看山钢”“谋全局、谋高端、谋效益”等发展理念逐步深入干部职工的内心，“突出沿海、优化内陆、精品与规模并重”“多元主打、群山有峰”的发展路径越来越清晰。在此基础上，山钢确立了“多元主打、结构调整，闯开转型特色之路；奋战三年、提质增效，跻身全国钢铁强企前列”的发展方略，制订了《新旧动能转换三年行动计划》，一系列重大改革措施相继推出。

“两年多来，我们坚定不移贯彻执行党中央、山东省委精神，把做强做优做大国有企业作为最大责任；同时结合企业实际勇于创新，奔着问题去，一系列重大改革举措陆续出台，企业转型升级进入快车道，改革发展快马加鞭，企业焕发勃勃生机。”侯军告诉《中国冶金报》记者，山钢积极推进国有资本投资公司改建，公司治理结构更加完善；“1+*N*”（1 个集团公司加若干个产业公司）组织架构体系落地实施，扁平顺畅、关系清晰的产权管理模式搭建形成，钢铁、金融、钢结构建筑、信息技术、城市服务等多元主打产业板块基本形成；积极推进混合所有制改革和三项制度改革，市场化选聘、契约化管理、自主组阁在部分单位取得突出成效；加快新旧动能转换，山钢一批重大项目列入山东省新旧动能转换重点工程项目库，一批智能化重点工序和智能控制技术填补了国内空白。

“在这个过程中，那些关乎山钢生死存亡的大事让人记忆深刻。”侯军回忆道，“2016 年，山东省委、省政府决策实施济钢产能调整工作，决定于 2017 年底前济钢在济南的钢铁生产线实现停产，并力争提前到 2017 年上半年。2017 年 4 月 20 日，李克强总理到济钢考察，看望慰问干部职工，提出‘转岗不下岗、转业不失业’的要求，给我们极大的鼓舞和信心。2017 年 6 月 29 日~7 月 8 日，济钢主厂区钢铁产线实现安全停产，全过程未发生一起安全生产事故，未对周边环境造成影响，提前半年实现预期目标。我们按照李克强总理的指示，深入扎实地做好职工分流安置工作。6 月 29 日~7 月 31 日，短短 33 天时间，我们安全关停 650 万吨产能、平稳分流近 2 万名职工，创造了国内钢铁行业关停规模最大、安置人数最多、安置期最短的纪录。济钢产能调整工作整体保持了平稳有序，社会各界给予高度评价。济钢作为全国首家整体退出的千万吨级城市钢厂，为山东发展精品钢提供了产能空间。”

由于近年来钢铁行业严峻复杂的市场环境，山钢日照钢铁精品基地的建设一直伴随种种质疑和担忧。但侯军表示，作为山东省钢铁产业结构调整示范项目和山钢发展新动能的标志性工程，他们看准了产业发展方向，坚定不移地推进项目建设。日照钢铁精品基地定位于汽车、家电、工程机械、海工用钢、桥梁等高端领域，采用大数据、云计算、物联网、移动互联等技术，人年均钢产量达1650吨，居世界先进水平。目前，精品基地一期一步项目顺利投产，创造了投产之初即连续均衡顺行的良好成绩，成为山钢集团新的利润增长点。

山钢钢铁产业经过市场磨砺、苦练内功、转型升级，经营质量不断提高。今年上半年，山钢钢铁板块毛利率高于行业平均水平，价格涨幅也大于行业平均涨幅，品种升级的优势得以体现。

高质量发展，改革更须攻坚克难

回顾钢铁工业40年光辉历程，成就催人奋进；展望新时代中国钢铁工业发展前景，深感责任重大。

在侯军看来，当前，中国经济正在加速转型，钢铁工业进入了发展的关键阶段，解决中国钢铁工业积累的深层次矛盾，在新时代实现高质量发展，必须依靠更大力度的改革。

“就山钢而言，我们坚持从实际出发，以加快动能转换为根本路径，以‘魅力山钢’为愿景，以‘治理结构优化、质量效益优先、政治生态优良、企业文化优秀，发展有动能、行业有地位、职工有福祉、品牌有美誉’的‘四优四有’目标为基本内涵，以强化领导力、创新力、协同力、凝聚力、文化力为手段，着力构建实力山钢、活力山钢、品质山钢、责任山钢、幸福山钢。”侯军向《中国冶金报》记者介绍了山钢在新时代的奋斗目标。

侯军称，山钢集团第一次党代会就勾画出了“两步走”发展战略：第一步，到2019年，山钢进入中国钢铁企业综合竞争力排名前列，综合竞争力排名与规模位次相称，全面实现新旧动能转换三年行动计划目标；到“十三五”末，全面完成产业结构、资本结构、产权结构、治理结构、人力资源结构调整，成功实现转型升级，成为国内区域领先、国际专项领先的综合型钢铁强企，3~4个主打产业实现区域主导、国内细分市场领先。第二步，到“十四五”末，初步建成以“动能持续化、产业生态化、品牌高端化、运营国际化”为基本特征的国内一流、国际先进的现代化钢铁强企；产业链、价值链占据中高端，多元主打产业优势突出、贡献突出、发展质量和效益突出；职工有较强获得感，企业有良好社会美誉度。

时代呼唤新作为，改革打造新山钢。侯军认为，按“两步走”发展战略，“魅力山钢”建设已经从起跑阶段进入不断加速的新阶段。他同时表示：“我们将把加强党的领导和完善公司治理统一起来，强化党组织在企业决策、执行、监督各环节的领导核心、政治核心作用，为改革发展提供坚强政治保证。我们将强化改革的系统性、整体性、协同性，坚持问题导向，进一步聚焦亟须解决的重点难点，全面持续深化改革，让改革成为推动山钢实现高质量发展的新动能。”

“魅力山钢”是怎样的呢？侯军告诉《中国冶金报》记者，它至少包括以下内涵。

首先，“魅力山钢”将是注入改革基因的新山钢。山钢将从破除思想观念的禁锢入手，敢于向顽瘴痼疾开刀，勇于突破利益固化藩篱，在解放思想中统一思想；把改革的实践体现到推进国有资本投资公司改建中，使国有资产、资本运作效率效益不断提升，成为推动山钢持续发展的不竭动能。

其次，“魅力山钢”将是充盈市场元素的新山钢。让市场的元素密布在山钢改革发展的每个时段、管理运行的细枝末节。“重在结果，绩效为王”，让市场化思维在每一名山钢人的观念中根深蒂固。

再次，“魅力山钢”将是拥有创新特质的新山钢。习近平总书记考察山东时强调，创新发展、新旧动能转换，是我们能否过坎的关键。要坚持把发展基点放在创新上，更加注重绿色、智能、可持续发展，不断壮大创新型人才队伍，为山钢强筋壮骨提供坚强的支撑。

最后，“魅力山钢”将是饱含人文情怀的新山钢。山钢将细化实化“幸福和谐新山钢”建设行动方案，从推进民主管理、落实职工集体福利等具体事项开始，形成与发展战略相契合、与职工思想相融合的山钢特色文化，让职工在“山钢一家、和谐共赢”的文化氛围中更有归属感、自豪感、幸福感。

（原刊于《中国冶金报》2018 年 8 月 31 日 1 版，记者　周传勇）

六、高质量发展，是干出来的！
——访本钢集团党委书记、董事长陈继壮

高质量发展是新时代的新要求。钢铁工业如何实现高质量发展，走在高质量发展的前列？“高质量发展，是干出来的！”本钢集团党委书记、董事长陈继壮在接受《中国冶金报》记者采访时指出，一个健康、可持续、高质量发展的钢铁工业，需要每家钢铁企业、每个钢铁人不驰于空想，不骛于虚声，一步一个脚印，踏踏实实，久久为功，用实干将高质量发展的美好蓝图变成现实。

不做“夕阳”须跑出加速度

从一定意义上说，推动高质量发展，就同40年前中国做出改革开放的决策一样，具有划时代意义。习近平总书记指出：“我国经济由高速增长转向高质量发展，这是必须迈过的坎，每个产业、每个企业都要朝着这个方向坚定地往前走。”被一些人称作“夕阳”产业的钢铁工业，如何在高质量发展的大潮中，跑出加速度？

陈继壮表示：“钢铁工业要想不做‘夕阳’，必须坚持高质量发展。在奔向高质量发展的大道上，钢铁工业必须走在前列，否则必将落后于其他行业、落伍于时代，就真的成了‘夕阳’产业。”然而，面对全球化竞争，钢铁工业同中国制造业面临着同样的问题——供给体系总体质量水平不高，体量大而不强，关键核心技术与高端装备对外依存度高；从钢铁企业自身来看，科研投入不足，自主创新能力弱，关键核心技术供给能力缺失。对此，陈继壮告诉《中国冶金报》记者：“产业竞争最终比拼的还是核心技术实力，核心技术的‘命门’不抓在自己手里，会成为最大的软肋。创新能力不强、产品档次不高、高端人才和高技能人才短缺等，这些‘短板’如果不补齐，就会造成高质量发展的后劲不足。”

针对全行业全球化经营能力不强、走出去整体水平不高、缺少国际话语权的现状，陈继壮认为：“能在世界杯赛场一争高下的球队，才能看出真水平。

全球市场就像世界杯。能在全球竞争中活下来、活得好的企业，就像世界杯打进八强、四强，甚至争夺冠亚军的球队，都是具有强大的竞争力和实力的。”改革开放40年来，钢铁工业通过全面对外开放、全面参与全球竞争融入世界经济，取得了长足的发展和进步。对此，陈继壮表示，只有坚持高质量发展，让自己变得更加强大，才能在全球竞争中脱颖而出，真正成为具有国际竞争力的企业。

“望、闻、问、切”画出清晰路线图

中国经济发展下半场的重点是实现高质量发展。如何打赢这场攻坚战，是当前全行业关注的焦点。陈继壮指出：“实现高质量发展，需要我们沉下心来，躬下身来，耐得住寂寞，用心将高质量发展这张蓝图一画到底。”

迈向高质量发展，这条路很长，如何看清前路，行稳致远？陈继壮用“望、闻、问、切”4个字，做了形象生动的诠释：

望，就是要看清世界经济发展的趋势和走向。总体来看，全球经济日趋回暖，但基础还不牢固，且国际贸易保护和贸易壁垒高筑的复杂形势更不容小觑。这些不确定的因素构成严峻的挑战，倒逼钢铁行业自强，坚定高质量发展的步履，在国际市场闯出一条不寻常的路子来。

闻，就是要了解自身发展环境，准确定位。目前，我国已为钢铁行业实现高质量发展创造了良好的环境，尤其是打击“地条钢”、环保系列政策出台等举措，都加快了行业转变发展模式的节奏；全行业的产业规模和持续优化的供给结构，也奠定了高质量发展的坚实基础；先进的工艺装备和上下游产业相配套，形成了行业协同创新的良好局面。

问，就是要知己知彼，既要深入分析、准确研判自身所处的位置，又要看到困难和问题，更要看到有利因素和发展前景，坚定走高质量发展道路的信心和决心。钢企要准确分析自身发展不平衡、不充分的具体表现，以问题为导向，结合实际找准着力点，制订好行之有效的措施；同时，还要清楚竞争对手的长处，找准自己的“短板”，取人之长，补己之短。

切，就是要寻找解决之道，找准高质量发展的实施路径。一方面，钢企要向世界优秀企业学习，积极参与国际竞争，力争在与国际一流企业的合作中取其精华，加快适应全球经济运行体系；另一方面，可以通过混合所有制改革或其他各种方式，与国内优秀民营企业联手，推动结构调整，提高全要素生产率，协同驶向高质量发展的快车道。

陈继壮说："最重要的还是如何找准实施路径，用踏实的脚步走出中国钢铁工业独特的足迹来。"

"组合拳"推动新本钢建设

中国经济的列车已由高速发展向高质量发展换挡，钢铁企业如何实现更高质量、更高效益、更加平衡、更加充分、更可持续的发展？陈继壮表示："高质量发展不是敲锣打鼓、轻轻松松就可以实现的，需要集中所有力量，握指成拳、合力攻坚，抓住关键、埋头苦干。"

木桶原理告诉我们，木桶的盛水量取决于最短的那块木板。打好高质量发展攻坚战，查漏补短、夯实基础尤为关键。陈继壮认为："我们和国际先进企业比，无论是现代化管理水平还是核心技术，都还有一定差距。无视差距是可怕的。想短、平、快地撵上世界先进，快速实现高质量发展是不现实的。它需要我们弯下腰来，真抓实干，把掣肘高质量发展的关键点攻克下来，把加快高质量发展的竞争力提升上去。"

埋头苦干，是当前本钢集团推进高质量发展的真实写照。陈继壮说："我在干部职工大会上提出，埋头苦干3~5年，把本钢建设成为让职工有自豪感、让竞争对手有压力感、让用户有依赖感、让社会充满敬意的新本钢。这样的本钢，必须是高质量发展的本钢，也一定是高质量发展的本钢。"

为推进"百年本钢"的高质量发展，本钢集团借助改革的东风，打出一套"组合拳"，即强创新、促升级、抓改革、给支撑。

强创新，抓住一个关键点。以技术创新为推动高质量发展的主引擎，向研发要生产力，向创新要竞争力。继2000兆帕超高强钢全球首发之后，本钢从2017年到2018年上半年，又有24项新产品问世，最近又批量生产出最宽幅超深冲汽车用薄钢板，在国内知名汽车集团的新车型上成功应用；还有淬火配分钢、低铁损钢等新产品具备了批量生产的能力，实物质量处于国内先进水平；首次开发生产了轿车（乘用车）齿轮用钢，高速工具钢打破了外国钢材对带锯用钢的垄断。陈继壮指出："现在，我们已经到了不创新不行、创新慢了也不行的紧要关头，我们要坚定不移地下好创新'先手棋'。"

促升级，促进企业结构优化。2018~2020年，本钢将利用3年时间，通过产品结构调整、新材料研发、绿色和智能制造等方面的技改项目建设，进一步强筋壮骨，促进新旧动能转换，推动企业高质量发展。2018年初以来，本钢已有17项重大技改项目陆续开始建设。"调结构、补短板、换动能，我们就是按照这个标准来设计、布局的。"陈继壮说。

抓改革，以问题倒逼改革，以改革激发创新，以创新促进发展。本钢全面深化改革，通过以定岗、定编、定责、定薪为标志的"四定"工作，持续推进"瘦身健体"，提高企业运行效率；配套实施部门工作作风考核、企业问责追责制度、领导班子和领导干部综合考核评价办法，实行末位淘汰。

给支撑，以人才强企战略为支点，强化人才培养。本钢把人才作为高质量发展的起点。本钢全方位、多渠道、高薪招才，汇聚人才力量，支撑企业改革创新和高质量发展。陈继壮说："只有做到人才引得来、留得住、用得上，以技术创新带动企业释放活力，实现高质量发展才有底气。"

（原刊于《中国冶金报》2018年7月20日1版，记者　钱振德　那　丽）

七、俞亚鹏：中信泰富特钢跨越发展的五大法则

改革开放40年，国家发生了翻天覆地的变化，我国钢铁工业也取得了辉煌的发展成就。中信泰富特钢从零起步，在残酷激烈的竞争中不断突破，用短短25年时间实现了"由小到大、由弱到强"的跨越发展。今天，中信泰富特钢已成长为全球专业化特钢企业，在册员工2万人，总资产达700亿元，产能规模1300万吨，年出口量超过160万吨。中信泰富特钢现拥有合金钢棒材、特种中厚板、特种无缝钢管、合金钢线材、特冶锻造产品、连铸合金大圆坯六大产品群和一系列深加工产品，不仅钢种覆盖面大、涵盖品种全、产品类别多，而且重点发展的特钢生产技术、关键品种已在国内起到引领作用，是我国特钢市场的主导者和行业标准制订者，为我国高端制造、重大工程和国防军工建设提供了一大批优质产品，品牌也被美国、欧盟、日本等国际高

端客户广泛接受和赞誉。中信泰富特钢发展的指导思想、方向、定位以及实际做法得到了国家、行业和社会的认可，为地方发展和国家经济建设做出了重要贡献。

5个“五年规划”的跨越发展

中信泰富特钢的事业起步于江苏省江阴市，历经了5个“五年规划”的发展，大致可以分为两个阶段，即已经完成的第一个“三个五年规划”阶段和正在进行的第二个“三个五年规划”阶段。

第一个“三个五年规划”阶段，时间跨度是1993～2008年。在这个阶段，我们建成了兴澄特钢和湖北新冶钢两个制造基地，启动了铜陵泰富和扬州泰富两个原材料基地建设，初步形成了沿长江流域产业链战略布局，特钢产能达到900万吨，产品畅销全国并远销到美国、欧盟、日本、东南亚等60多个国家和地区，国内外高端客户群不断扩大，实现了做强做精特钢产业的目标。

1993年，中信泰富与江阴钢厂合资成立江阴兴澄钢铁有限公司（现称兴澄特钢），开始涉足钢铁业务。合资时，江阴钢厂只是一个资产不足3亿元、年产20万吨螺纹钢的小企业。金融资本和产业资本的紧密结合，给企业带来了良好的发展机遇。通过改革创新、精益管理和持续投入，兴澄特钢用“三个五年”完成了“普转优、优转特、特转精”的战略转型，产能达到600万吨，工艺、技术、装备和管理水平显著提升，迅速步入全球先进特钢企业前列，是目前我国特钢行业的标杆和旗帜。

兴澄特钢的良好发展增强了中信泰富投资钢铁业务的信心。2004年，中信泰富收购了原冶钢集团钢铁主业资产，组建了湖北新冶钢，并控股大冶特钢。冶钢起源于汉冶萍煤铁厂矿有限公司，历经百年，被誉为“中国钢铁摇篮”。毛泽东主席曾两次亲临视察，留下了“办大办好”的殷切嘱托。因体制机制僵化、管理不善以及投入不足，20世纪90年代末，这个历史悠久的企业亏损严重，经营非常困难。收购后，我们从兴澄特钢派去了精干的管理队伍，融入了兴澄特钢的管理和文化，调整了发展战略和经营策略，加强了业务协同，投入巨资建设特钢升级工程项目，迅速扭转了冶钢的亏损局面，产能也增加到300万吨。该公司的竞争实力显著增强，有力地推动了湖北黄石的产业升级。

为了完善产业链、支撑主业发展，2008年，中信泰富在安徽铜陵循环经济园设立了铜陵新亚星焦化有限公司（2015年11月更名为铜陵泰富特种材料有限公司），开始建设220万吨焦化及配套干熄焦、万吨级长江专用码头及仓储物流、煤气综合利用发电等项目。同年，为了与中信澳矿进行产业对接，中信泰富在江苏扬州设立了扬州泰富特种材料有限公司，开始建设600万吨氧化球团、提铁降杂、年吞吐能力达2000万吨的长江高标准干线港以及仓储物流等项目。

为了满足国家产业政策的要求和特钢业务发展的需要，2008年，中信泰富组建了中信泰富特钢集团，专业化管理旗下特钢产业。

第二个“三个五年规划”阶段，时间跨度是2009~2023年。这个阶段的愿景目标是建成全球最具竞争力特钢企业集团。至今，中信泰富特钢已完成“两个五年”任务，集团化运作取得新成效，建成了铜陵泰富和扬州泰富两个原材料基地，拥有了青岛特钢和靖江特钢两个新制造基地以及多条深加工产品线，形成了“沿海+沿江”战略发展的新格局，特钢产能达到1300万吨，集团价值创造力、全球领导力、资源运筹力、产品创新力和环境持续力进一步增强，整体竞争优势显著提升。

这一阶段，我们着眼于可持续发展，集中在提升制造技术、提高产品质量、优化产品结构、构建国际营销服务体系、节能环保和提升员工素质等方面大力投入，完善了兴澄特钢和湖北新冶钢的产业体系，发展了一批有竞争力的延伸产业，建成了铜陵泰富和扬州泰富基地，打通了从原材料资源到特钢产品，再到延伸产品的产业流程，推进了从钢铁到材料、从制造到服务、从国内到国际的转型升级。

同时，在推进供给侧结构性改革和支持钢铁企业战略重组的新形势下，我们积极寻找产业发展机遇，2017年5月择机收购了青岛特钢。青岛特钢是“十二五”期间因环保搬迁新建的企业，一期项目产能300万吨，于2015年11月投产。由于青岛特钢过去主要生产普钢，特钢开发生产技术和经验积累少，产品结构调整的难度大，还需要承受巨额投资所带来的资金成本压力、解决产线调试和市场开拓难题、化解搬迁矛盾、转换体制机制、实现文化融合等，收购后的工作面临着重大挑战和考验。面对困难，我们积极探索，科学决策，调集资源，大力推进技术装备改造，及时导入先进的工艺技术、研究成果、管理和文化，竭力推动青岛特钢转型升级，只用了3个月时间就实现了扭亏为盈。2018年6月，通过区域性重组整合，我们收购了华菱锡钢，更名为靖江特钢，实现了产业互补，增强了整体优势。

中信泰富特钢发展的五大经验

回顾中信泰富特钢的发展历程，我觉得有以下经验值得分享。

一是坚持发展特钢，专业化经营，做精做强特钢产业。制订第一个“三个五年规划”时，虽然我们目标很明确，要通过“普转优、优转特、特转精”的战略路径发展特钢精品，但落实起来还是有些波折。其间，一个标志性事件从根本上转变了我们的发展观念，坚定了我们发展特钢的信心，这就是创新改造“四位一体”生产线。

当初，兴澄特钢为了实施“优转特”战略，从德国引进100吨直流电弧炉炼钢、精炼、连铸、连轧“四位一体”短流程特钢生产线。1998年5月，这条开创中国特钢行业历史先河的生产线贯通。由于设计定位不当以及管理和技术软件上存在“短板”，这条生产线投产后存在长期亏损等经营风险。为此，该公司董事长向中信泰富请求寻找国际合作伙伴。经多方比较，他们拟与美国铁姆肯公司合作。但多轮谈判下来，对方提出的条件苛刻、要价很高，有些条款还违背了我们的发展战略，合作进程受阻。

此时，我刚接任兴澄特钢总经理，考虑再三，力主依靠内部力量解决问题，并向中信泰富董事局提出了一个大胆方案，核心就是调整“普优兼顾”的产线定位，放弃当时效益相当不错的普钢生产，专攻特钢，按照“集约化、专业化”的原则进行技术改造。改造一条全新并具有国际先进水平的生产线，质疑与反对无疑是强烈的。我说服了公司管理层和中信泰富董事局。最终，我们花费了1.5亿元的改造费用，给产线带来了脱胎换骨的改变，使整条产线的产能扩大近50%，生产作业率和劳动生产率大幅提升，工序成本降低了30%，产品档次实现了飞跃。这次改造奠定了“优转特”的坚实基础，公司不仅迎来了跨越发展的黄金期，也因此走出了一条引进消化吸收国外一流技术的特色路子。由公司担纲的特殊钢生产工艺装备引进技术消化吸收项目，后来入选了国家首批27个“十五”科技攻关项目，也是全国冶金行业第一个被列入的项目。项目成功完成后，带动了我国自主开发特殊钢关键工艺技术与装备能力的提升。

通过不懈努力，第一个“三个五年规划”所确定的目标最终都提前实现了。中信泰富特钢集团成立后，我们又制订了第二个“三个五年规划”，战略定位依然是发展特钢，按照国际一流的标准，着力在流程专业化、产品专业化和服务专业化方面持续创新，走专业化的路子，力争到2023年，把中信泰富特钢建成全球最具竞争力的特钢企业集团。

二是坚持创新发展，坚定不移走品种质量效益之路。我们始终把产品和技术创新作为引领行业、打造市场竞争新优势的第一要素，通过优化整合内部资源和联合利用外部资源，按照高新技术企业的要求，构建了一个以企业为主体、特钢研究院为平台的开放式技术创新体系。我们通过适度强化“产学研用”协同，加快创新团队建设和培养领军人才，积极营造有利于创新成果涌现的环境，深化“业绩+贡献”的激励，保证了创新体系的高效运行。

这几年，我们以特殊钢关键技术开发为支撑，开发了大量国内外紧缺的特殊钢材，每年生产几百万吨替代进口的高档特殊钢产品。例如，我们的轴承钢技术质量指标达到了世界先进水平，已成为全球排名前8位轴承制造公司的战略供应商。我们的汽车关键零部件用钢产量也达到了世界领先水平，能开发生产符合德、美、法、日、韩等汽车标准的系列化产品。现在，几乎国内所有品牌的汽车都用上了使用我们生产的钢材加工的零部件。

另外，我们坚持落实“每年两个10%”的目标，即每年淘汰10%的低端和低效产品，每年开发10%的高端和高效产品，不断推进产品升级换代。

三是坚持国际化发展，积极拓展国际经营。从1998年兴澄特钢的产品跨出国门起，我们一直在大力推进国际化发展战略，建立了融入国际市场的经营和技术开发体系，推进了“管理、运营、人才和文化”的全球化发展。这几年，我们在国外建立了13个代表处，每年出口超过100万吨，其中70%以上的产品供应给欧盟、日本、美国、韩国等发达国家或地区。我们与世界著名汽车公司建立了长期稳定的合作关系，产品出口连续多年占国内同行同类产品出口总量的50%以上，领先优势比较明显。

四是坚持绿色发展，积极履行社会责任。我们严格遵守国家法律法规，积极落实国家产业政策，积极适应行业经营规范，高起点、高投入，大力发展和使用节能环保技术，创新能源管理模式，在发展绿色产业、构建社会和谐等方面不断取得新成效。我们下属的 6 家企业中，2 家企业成为我国“两型”企业建设的典范，兴澄特钢、湖北新冶钢被列入工信部第一批绿色制造体系示范名单。

五是坚持以人为本，深入推进可持续发展。我们始终坚持把员工看作是最宝贵的财富和最大的资源，不断投入，提出“像办学校一样办工厂”，将培训学习作为常态化工作来抓。同时，我们着力构建 3 个人才发展通道，一个是管理人员通道，一个是技术人员通道，一个是操作员工通道。在企业内部，如果操作员工能够达到技师和高级技师的水平，他们的收入就能达到企业中层管理干部的收入。这也极大地激发了干部员工的工作积极性，增强了企业的凝聚力，促进了企业快速、健康发展。

今天，中信泰富特钢正处于第二个“三个五年规划”的攻坚期。我们一定会正确把握形势，瞄准行业及上下游产业发展趋势，按照既定的战略方向，在发展精品、绿色制造、智能制造、国际化经营等方面下功夫，致力发展好特钢事业，全面加大中信泰富特钢在行业中的引领作用，进一步提升中信泰富特钢在全球特钢产业链中的优势地位，为全面建成小康社会提供支撑、贡献力量。

（原刊于《中国冶金报》2018 年 12 月 28 日 1 版，作者系中国钢铁工业协会副会长、中信泰富特钢集团董事长）

八、打造“基业长青　共享繁荣”钢铁强企

——访新钢集团公司党委书记、董事长夏文勇

“改革开放 40 年，我国经济快速发展，并成为世界第二大经济体。这与钢铁行业的高速发展分不开，是与钢铁行业的发展相对应的。”日前，新余钢铁集团有限公司（以下简称新钢）党委书记、董事长夏文勇对《中国冶金报》记者表示。他强调，40 年来，钢铁工业对我国经济的发展起到了基础性支撑作用。未来，钢铁还会是中国经济强有力的支柱产业。

“6%的增速，8亿吨钢还是需要的”

“如果中国经济保持6%的增速，8亿吨钢还是需要的。没有钢铁工业的支撑，不会有这样的经济发展速度。”夏文勇认为。

他表示，从钢铁材料本身来看，无论是城镇化建设，还是汽车、船舶、高铁、桥梁、高速公路、家电、房地产等行业的发展，都离不开钢铁材料。“例如，北京奥运‘鸟巢’、上海世博‘中国馆’、央视大楼演播大厅、杭州湾跨海大桥、港珠澳大桥、国内外各大核电站、世界最高钢结构大厦汉京金融中心、中国最长内河沉管隧道红谷隧道等重点工程都采用了新钢的产品。”夏文勇指出，“钢铁是其他行业发展的基础。现在中国钢铁的规模，是与中国经济发展规模相适应的。”

从建设体量看，中国这么大体量，也需要目前规模的钢铁行业来支撑。有分析认为，我国每万元固定资产投资所需用钢量在0.7~1.4吨之间。随着“一带一路”倡议的推进，钢材需求会有所增长。

另外，中国的经济结构与美国等发达经济体不同。中国致力于实体经济，而美国等发达国家有相当大的比例是虚拟经济。“因此，判断中国对于钢材的需求量，不能生搬美国等发达国家的峰值数量。”夏文勇认为，“我国粗钢产量从1996年突破1亿吨，到2018年突破9亿吨，基本是适应了我国经济对钢铁的需求。”

“没有钢铁的支撑，中国经济哪有这么快的增长速度？但是，这40年来，中国钢铁行业快速发展中，也积累了一些问题。”夏文勇指出。

一是钢铁行业面临更大的环保压力，需要通过走绿色发展之路解决。环保是所有钢铁企业实现转型升级、高质量发展的前提。目前，钢铁企业要先实现超低排放目标。

二是要进一步调整品种结构，强调产品的质量稳定性、适用性、一致性等特性，以及企业的服务水平和能力。“钢铁企业要生产更多低成本、绿色环保的产品。现在需要2吨钢材办成的事情，将来也许只需要1.5吨。”夏文勇举例说。

三是要进一步提高整体创新能力。“目前，我国相当一部分钢铁企业都具有强大的研发实力和较强的创新能力，但仍有一部分企业创新能力不足。”夏文勇指出，钢铁行业走高质量发展、高效率发展都需要进一步提升创新能力来支撑。

实施“1+6”战略，再造一个新钢

“企业要有竞争力，这是发展前提。新钢的发展目标是让职工更有幸福感，最终的结果是实现打造‘基业长青 共享繁荣’钢铁强企的目标。”站在新钢60周年的新的历史起点上，夏文勇如此认为。

夏文勇介绍，2017年，新钢销售收入已经超过500亿元。未来3～5年，新钢将实现相关多元非钢产业发展，再造一个新钢，实现千亿元级企业目标。

一方面，新钢要进一步做强做精钢铁主业。“主业不精不强，非钢产业没有办法做起来。钢铁主业是基础，有了基础才能实现非钢产业发展目标。”夏文勇介绍，“未来，钢铁主业将进一步深化精细化管理，实现扁平化，减少界面；提升主工序工艺水平，增强生产稳定性。通过实施产业转型升级改造工程，新钢将更具竞争力，职工更有幸福感，从而为企业发展注入强劲的动力。”另一方面，新钢要在做强做精主业的基础上，实现非钢产业与主业并重发展。夏文勇介绍，在这方面，新钢将借助主业向外拓展，实施“1+6”（1个主业＋6个非钢板块）战略。

一是资源开发利用板块。新钢将在煤气余热利用高效发电、含铁二次资源利用、水渣深加工、煤气制氢、冶金熔剂、焦油精制等方面加大投入，加快发展。

二是钢材延伸加工板块。新钢将以优特钢带为主体，整合公司现有带钢资源，发挥原料加工配送平台优势，培育区域优特钢带产业集群；完善钢绞线和冷拉钢丝产能，形成年产50万吨金属制品能力；加快联天钢构项目建设，努力打造成江西省钢构桥梁和装配式建筑行业一流企业。

三是贸易物流板块。新钢将依托长江黄金水道、赣江航道升级拓新物流平台，拓展物流产业；用好新钢国贸公司平台，开展海外钢材贸易代理业务，做大对外贸易额。

四是工程技术服务板块。新钢将提升资质等级，拓展业务范围，努力把工程技术公司打造成江西冶金系统集设计、施工、监理、咨询为一体的工程技术服务商。以新自信公司为平台，为不同层次的用户提供全方位的工业化信息技术综合解决方案，不断壮大新钢信息技术产业。

五是金融投资板块。新钢将抓好商业保理公司的运营，拓展供应链金融业务模式，用好新余新钢投资管理公司这个投资平台，抓好对外股权投资，拓展投资领域，尝试资产管理公司化，提升投资收益水平。

六是工业生产服务板块。新钢将大力发展生活后勤服务业，提高职工生活品质，使工业生产服务板块成为承接钢铁主业人员分流主渠道，并做到分流人员收入不减，在提高主业劳动生产率的同时，保障职工利益。

数据显示，2017 年新钢非钢产业收入达 164.10 亿元，比 2011 年增加 132.25 亿元。在 2017 年的新钢营业收入中，非钢占比为 31.4%，为历年比例较高的一年。其中，资源开发板块占比为 4.09%，钢材加工板块占比为 20.67%，工程技术板块占比为 1.40%，生产服务板块占比为 1.89%，贸易物流板块占比为 71.95%。2018 年，新钢资源开发板块占比为 0.39%，钢材加工板块占比为 23.9%，工程技术板块占比为 0.77%，生产服务板块占比为 2.96%，贸易物流板块占比为 66.09%，金融投资板块占比为 0.07%。

总体来看，非钢产业布局的逐步合理化，为新钢做好非钢产业发展的下一步工作增添了信心和动力，同时也使得新钢抗风险能力得到极大增强。

“百年新钢，基业长青，是新钢追寻的目标，更是新钢人必须为之付出汗水的福祉和未来。我们必须实现，也一定能够实现。”夏文勇说。

（原刊于《中国冶金报》2018 年 12 月 11 日 1 版，记者　熊余平　刘加军）

九、高质量发展的践行者

——记柳钢集团党委书记、董事长潘世庆

5 年对一家企业意味着什么？5 年，让步入危机的柳钢成长为广西首家年利润过百亿元的企业，由“一钢独大”蜕变为主业与多元产业齐头并进，让地处桂中腹地的柳钢构建起“一体两翼”（柳州为主体，防城港、玉林为“两翼”）的高质量发展新版图……2019 年上半年，柳钢实现营业收入 421.29 亿元、利润 26.56 亿元，上交税费 14.75 亿元。

这是自2014年以来，以柳钢集团党委书记、董事长潘世庆为首的新一届领导班子，践行“包容　创新　超越　共享”核心理念，向高质量发展冲刺的结果，也是柳钢全体干部职工抢抓机遇、解放思想、改革创新、扩大开放、担当实干的最好写照。

做优做精钢铁主业　迈入转型升级新征程

2014年，经济进入新常态，柳钢的改革步入深水区，难关多，考验多，如何突破?

2014年1月22日，新到任的潘世庆在领导干部大会上提出了新的工作思路——调结构、拓市场、促改革、强管理、抓廉政。他承诺：“在岗位上恪尽职守，全心全意爱护柳钢，把柳钢的干部职工队伍带好，把柳钢发展得更好。”从此，柳钢进入转型升级的新征程。

很快，在潘世庆的主导下，一场大刀阔斧的管理体制机制改革在柳钢全面展开：成立改革发展领导小组，领导小组下设机构职能改革、产权理顺管理、产品结构优化、产业发展等工作组；完善企业法人治理结构，成立董事会，设立提名委员会、薪酬与考核委员会、审计委员会、战略与投资委员会、价格管理委员会等，将企业决策权转交董事会集体决策；改革职能部门和机构，解决错位、越位、缺位问题；诊断与梳理柳钢49个单位1400项公司级管理制度，构建全面风险防控体系，将“事后补漏”转向“事前预防”。

在给企业“强身健体”的同时，潘世庆结合柳钢发展实际，提出了做优做精钢铁主业的转型发展方向，即做精、做特、做新钢材产品，提高产品档次、附加值，优化产品结构，持续提升市场竞争力。

“实现由钢铁生产制造商向技术服务商转变”“改变传统的产品销售模式，开门做市场”……在一系列新思想、新理念的指引下，潘世庆不断强化顶层设计，助推柳钢向质量品种要效益。在钢铁行业形势严峻的2014年，柳钢加强创新，研发了12个新产品，品种钢比例大幅提高，达到91.8%。其中，中高档品种钢比例达54.36%。2014年，柳钢铁、钢、材产量均创历年新高，实现利润3.15亿元。

步入2015年，钢铁行业迎来了近30年来形势最严峻的一年，陷入全行业亏损的境地。“行业越艰难，越是优势企业凸显的时候。”“创新才能突破，创新不单是科研人员的专属，各方面、各岗位均可创新，更需要开放创新。”……潘世庆的话语，点燃了柳钢干部职工的干事创业激情。2015年，柳钢虽然出现了改革开放以来的首次亏损，但能在行业的洗礼中坚强生存下来，使柳钢收获了比效益更宝贵的信心和可持续发展的能力。

2016年以来，在供给侧结构性改革持续深入推进、全面取缔“地条钢”、国内宏观经济企稳、环保督察等积极因素的作用下，柳钢抢抓市场有利时机，当年逆势盈利4.1亿元，一举扭转2015年亏损的被动局面；2017年，实现营业收入685亿元、利润46.8亿元，达到历史最好水平；2018年，柳钢铁、钢产量分别突破1200万吨、1300万吨历史新关口，实现营业收入888亿元、利润103亿元，成为广西首家年度利润超百亿元的国企。

2018年，在柳钢成立60年之际，柳钢获评为钢铁行业改革开放40周年功勋企业、中国钢铁企业最高评级A+（竞争力极强）企业等，潘世庆也于2016年当选中共广西第十一届委员会候补委员，先后获得“广西十佳企业家”“柳州市劳动模范”“广西五一劳动奖章”等荣誉称号。

做大做强多元产业　发展之路越走越宽

“‘一钢独大’经不起风吹雨打，多元化发展才能抵御市场风险。”2014年、2015年的“钢铁寒冬”让潘世庆明白，产业多元化势在必行。在“十二五”前期，柳钢多元产业发展相对缓慢，存在集团管控不规范、企业体量较小、创效能力有限等问题。对此，他提出，要建立适合多元产业发展的管理体制，构建“齐头并进”的发展新格局。

从此，柳钢形成了“1+4+X”（“1”是钢铁产业；“4”是贸易与物流、能源与化工、环保与资源综合利用、服务业，其中服务业主要包括医疗养老、房地产、城市服务；“X”是建筑工程、金属回收、碳酸钙、信息化、钢材深加工）产业布局，并明确了“十三五”末实现营业收入480亿元、利润12亿元的战略规划；以《柳钢子公司、参股公司管理办法》为基础，搭建多元产业“1+9”管理制度体系，彻底改变了以往多元企业管理不规范的问题；成立多元产业主管部门——产业发展部，贯彻专业化、板块化的发展思路，推动多元产业人事、劳动、薪酬改革，突破体制机制束缚；紧紧围绕以效益为中心的理念，突破传统的产业圈、思维圈，面朝市场走出去。

2014 年以来，在潘世庆的主抓下，柳钢先后投资成立国贸公司、资产公司、熔剂公司、仙源公司，派生分立成立环保公司，整体重组设立物流公司，战略重组十一冶集团，不断为多元产业的发展注入新鲜血液。

2014 年 12 月成立的物流公司，年年持续盈利，并发展成为一家集货物运输、仓储、钢材贸易及深加工、信息咨询、电子商务、金融、物流管理服务、信息技术开发等业务于一体的大型综合物流贸易企业。

2015 年 6 月揭牌运营的国贸公司，坚持走“板块化、专业化、品牌化、市场化”路子，于 2018 年实现营业收入 96.65 亿元、利润 1.01 亿元。

2017 年 12 月战略重组的十一冶集团，对外市场开拓能力明显提升。2018 年，其总承包建设的中国—乌干达国际产能合作项目全面开工建设，为进一步开发非洲市场奠定基础。2018 年，十一冶集团实现营业收入 146.32 亿元，同比增长 17%；实现利润 9984.98 万元，同比增长 42.64%。

与此同时，柳钢各多元产业单位，积极策划和推动非钢工业园二期物流仓储基地项目、特种钢精线深加工项目、熔剂产业公司及防城港混凝土公司等新项目、新产业的落地实施。

目前，柳钢共有多元企业 65 家，并在 2018 年实现全面盈利，营业收入由 2016 年的 68.6 亿元上升到 2018 年的 362.16 亿元，利润由 2.8 亿元成倍增长至 7.1 亿元；2019 年 7 月，实现月度利润首破亿元大关。

“多元产业各单位全部实现盈利，这在柳钢发展史上从未有过，柳钢抗风险能力较以前大为提高。这是一种可持续内涵式的健康发展，标志着柳钢发展之路越走越宽广。”潘世庆告诉《中国冶金报》记者。

构建“一体两翼”新版图　打造高质量发展标杆

早在 2015 年，潘世庆就与班子成员形成共识，向海发展，破解柳钢发展瓶颈，并逐步明确了“本部转型升级，沿海有序发展，多元聚焦集群，集团战略管控”的战略定位，全力构建“一体两翼”新版图。

于是，柳钢把目光投向北部湾畔的防城港，实施沿海战略，正式形成与国家“一带一路”倡议和北部湾经济圈发展战略相匹配的空间战略布局。

柳钢防城港项目坐落在企沙工业园，地处中国大陆海岸线的西南端，地理位置优越，是国内唯一一个与东盟陆海相通的地方。2015 年 9 月，柳钢理顺了与武钢的关系，在防城港钢铁项目上迎来了新的发展机遇。柳钢物流量非常大，陆运物流成本高，与海运相比，每吨价格高四五百元，以柳钢目前的生产能力，每年要多开支四五十亿元。柳钢向海发展后，确立了新的物流竞争优势。

2017 年 11 月，柳钢召开改制更名后的第一次党代会，提出了“一个千亿元、两大基地、一个产业群、三个推进”的“1213”奋斗目标。同年，柳钢积极实施减量搬迁沿海项目产能置换，加快实施沿海战略布局。

2018 年，柳钢沿海发展一路猛进：2 月柳钢与武钢集团签署广西钢铁重组协议；5 月完成了对中金不锈钢公司的并购重组和接管，正式进军不锈钢领域；7 月全面接管广西钢铁集团，正式主导推进防城港钢铁基地项目建设；10 月项目全面进入建设阶段。至此，柳州、防城港、玉林因钢铁而巧妙地串联在一起，成为柳钢人打造百年发展新基业的重要支点。

其中，并购中金公司是柳钢实施沿海战略的一次关键布局，它既承担着柳钢落实广西壮族自治区冶金产业“二次创业”的重要任务，又担负着柳钢打造发展新基业的重要使命，同时也为玉林市工业发展发挥了重要作用。潘世庆告诉《中国冶金报》记者：“并购中金公司有效优化了柳钢产品结构，提升了柳钢整体竞争实力，为柳钢打造一个在全国乃至全世界极具竞争力的不锈钢产业基地奠定了坚实的基础。”

《中国冶金报》记者看到，在柳钢防城港钢铁基地，铁路线直通 20 万吨码头，推土机、强夯机等各式机械在占地面积 1.9 万亩的基地内轰鸣，项目建设正按“2019 年底高炉具备出铁条件”的目标要求有序推进；在玉林的柳钢中金公司，总投资 56 亿元的柳钢中金 500 万吨不锈钢基地（一期）镍铁冶炼各配套项目陆续开工建设；在柳州，干部职工直面行业新挑战，有序组织生产经营，上半年实现利润 26.56 亿元……柳钢“一体两翼”的高质量发展新版图正加速铺开。

（原刊于《中国冶金报》2019 年 8 月 29 日 1 版，记者　覃守超　实习记者罗熔军）

十、钢铁已具备高质量发展的基础和条件

——专访首钢总经理助理、首钢股份总经理刘建辉

“改革开放40年来中国钢铁工业走过的历程和取得的成就，是几代钢铁人努力的结果。这其中的一个宝贵经验，就是我们走了中国特色社会主义市场经济发展道路。可以说，中国特色社会主义道路是今天中国获得巨大成功、获得全世界认可的一个最重要的因素。”9月16日，首钢集团总经理助理，首钢股份党委书记、总经理刘建辉在接受《中国冶金报》记者专访时指出。他认为，目前，中国钢铁行业已经具备高质量发展的基础和条件。

钢铁行业须走高质量发展新路

“无论是从钢铁装备水平、总体规模、板管比，还是替代进口等方面来评判，钢铁行业改革开放40年来取得的成绩是巨大的。钢铁工业有力地支撑了国民经济的快速发展，这与40年间的经济增长也是相匹配的。”回顾中国钢铁工业改革开放40年的道路，刘建辉认为。

20世纪80年代，中国经济步入了快速发展的轨道。钢铁作为基础原材料，必须扩大品种、提高质量，以满足经济快速发展的需求。然而，那个时候，国家的经济基础还很薄弱，资金匮乏，不可能都像建设宝钢那样直接投资新建现代化钢厂，绝大多数老牌钢铁企业走了技术改造的路子，最终殊途同归，全部走向现代化。

“这其中的道路很艰难，但现在的成就有目共睹。例如，20多年前我做钢铁工人时，炼钢都是站在炉前操作，面对的是高温的环境；现在是一键式炼钢，工人在办公室里操作鼠标就能完成。再比如，西气东输一线工程所需要的钢材基本上都是进口的，到二线、三线工程时，就看不到进口的产品了，国内基本上都能生产了。这样的例子还有很多，这些都是成绩的体现。”刘建辉说。

除了成绩外，谈及中国钢铁工业40年来的教训，刘建辉认为，中国钢铁工业发展中的一个深刻教训是走了发达国家工业化进程当中先污染后治理的道路。这个教训必须牢记。习近平总书记强调，绿水青山就是金山银山。怎

么样变成现实？这是中国钢铁工业未来发展必须思考的问题。另一个教训就是在过去很长一段时间内，我国钢铁行业因产能过剩而过度竞争，行业和企业深受其害。目前，包括板材在内的高端产品也面临产能过剩的问题。高端产品产能过剩会造成更大的资源浪费，可能形成新一轮的价格战。未来的发展应该深刻地汲取这个教训。

他认为，钢铁行业要严格控制产能总量，优化产品品种结构。在生态容量不够和资源越来越受到约束的情况下，要考虑整体市场和区域市场的需求量，鼓励更多的资源投向替代进口和掌握核心技术方面，而不是投向需求已经饱和或本身供给充分的产品市场。

当前，钢铁行业还存在着不少问题，企业还存在着短板。在产品质量方面，部分企业的产品质量稳定性还不够，产品性能也还不能完全满足客户的需求。在环保和能源消耗方面，有些企业的生产方式还较为粗放，仍存在高污染、高能耗和高耗水的情况，节能减排和循环利用的水平还较低。在劳动用工方面，有些企业不遵守劳动法，提高工人工作强度。在安全管理方面，各个企业的投入更是不一样，有的企业很少出事，而有的企业则总出事故。“企业要改变观念，对安全的投入不是增加成本投入，而是对人力资源的投资。”他指出。

“靠打价格战生存，就肯定不是高质量发展。总体而言，中国钢铁行业目前已具备高质量发展的基础和条件，但企业间差异很大，须补足短板。”刘建辉总结道。

谈到对科技创新的看法时，刘建辉特别强调：“过去几十年，中国钢铁企业走的科技创新道路基本是一条引进、消化、集成再创新的道路。但是，今天中国钢铁工业再走这样一条路，是不可能成功的。我们必须有新思考、新思维、新观念、新做法。我们必须把传统的引进、消化、集成再创新，改成以自主创新为主，以原始创新为主，甚至以颠覆式创新为主的科技创新模式。只有这样，中国钢铁工业才能在世界上有地位、受尊重。”

将首钢股份打造成具有世界影响力的优秀上市公司

“作为首钢搬迁调整的新建钢铁基地，首钢股份始终坚守大型国有企业的使命和责任，坚定不移践行‘创新、协调、绿色、开放、共享’发展理念，持续推进质量变革、效率变革、动力变革，持续向世界一流钢铁企业看齐，打造具有世界影响力的优秀上市公司，逐步成长为备受业内专家、业界同行和市场客户尊重和信任的优秀企业。”谈及首钢股份的发展，刘建辉介绍。

首钢股份1999年在深交所上市，随着北京地区产能的搬迁调整，也发生了较大变化。2014年，迁钢资产置入首钢股份；2015年，首钢股份控股首钢京唐51%的股份。“从发展的成果来看，首钢从北京搬迁到河北不是一个简单的搬迁和复制，而是一个根本性的结构调整。”刘建辉介绍，首钢在装备、产品、研发、技术、服务等方面都进行了巨大调整。

在装备方面，首钢股份积极践行流程简洁化、设备大型化、产品高端化、环境清洁化、信息数字化的建设理念，总体建设充分体现了新一代钢铁流程动态有序、精准控制的发展方向，通过自主创新和集成创新，形成了一整套拥有自主知识产权的现代冶金技术和装备，达到国际一流水平，奠定了高质量、可持续发展的坚实基础。首钢股份加强智能装备、物联网的应用，实现了一键式炼钢、一键式精炼；积极实践智能制造，在线机器人投运达到42台；打造智能制造示范工厂——冷轧硅钢智能化工厂，其被列入工信部“2016年智能制造综合标准化及新模式应用项目”。

在产品方面，首钢股份汽车板生产量质齐升，市场累计供应量超千万吨，市场份额居全国第二；与54个汽车制造主机和配套厂进行合作，实现了对德系、美系、法系、意系、日系、韩系，以及国内品牌全覆盖；新能源汽车领域，目前共研发了3个系列12个牌号产品，已接触了国内新能源产品链80%用户。电工钢实现与世界先进钢厂比肩而立，未来5年拟新增50万吨电工钢产能，电工钢总产能达到200万吨。无取向电工钢聚力高端高效发展方向，产品广泛应用于美的、格力、松下、艾默生等知名企业。取向电工钢聚力高磁感薄规格发展方向，2018年6月，通过国家电网“双百万”特高压大容量变压器材料认证。管线钢实现从B级到X120全覆盖，市场累计供应量为428万吨，市场份额居国内前三甲，成为西气东输二线、三线工程主要供应商。集装箱板市场占有率稳居全国前列，实现向高冲压、轻量化产品发展。酸洗板800兆帕以下低合金高强钢种级别全覆盖，并批量供货，成为新的盈利增长点。家电板市场占有率居国内前三甲。

在研发方面，首钢股份坚持把科技创新作为企业发展的第一引擎，构建完善协同开放的科技创新体系，先后与钢铁研究总院、北京科技大学、东北大学、中国电科院、保变天威、上海日立等高校、科研院所及下游知名企业建立产品应用技术联合实验室，实现产销研用深度融合，奠定了高质量发展的坚实基础。2018 年，首钢股份预计研发投入金额达到 8.6 亿元。2017 年，首钢股份被国家知识产权局授予“国家知识产权示范企业”，获得专利授权 218 项。其中，发明专利 90 项。转炉全炉役碳氧积实现从 0.00285 到 0.00188 的突破，达到世界领先水平。

在服务方面，首钢股份拓展汽车零部件领域，打造整车供应服务商；整合加工配送及客户资源，完善产业链布局；建成了 5 家区域公司、13 个加工中心、3 个办事处，具备 165 万吨高端冷轧板材加工配送和激光拼焊等生产加工能力。

另外，首钢股份坚守环保责任，加大环保投入，环保装备达到国际一流标准。截至 2017 年底，环保投资为 76.33 亿元，占总投资的 13.6%，各生产工序配备除尘、净化设施 95 台（套）。其中，高炉煤气采用全干法除尘工艺，实现有害成分全面净化；3 座转炉采用德国电除尘工艺，2 座转炉采用奥钢联 LT 干法除尘工艺，实现一次烟气深度净化，排放浓度达 20 毫克/立方米以下；建成亚洲最大的循环水泵站，采用双膜法污水处理技术，实现污水“零排放”；拥有完善的高炉煤气、转炉煤气回收利用系统，实现高炉煤气“零放散”；二次能源自发电比例保持 70%以上；利用高炉冲渣水余热为周边居民区、医院、学校供暖面积达 110 余万平方米；优化生态环境，年绿化投资达 800 万元，厂区绿化面积达 109 万平方米。今年，首钢股份计划投资超 16.5 亿元，实施 70 个环保提标改造治理项目。截至目前，138 个排放口实现超低排放，占比达到 86%。到 2018 年 10 月底项目全部投运后，首钢股份将实现全工序超低排放，整体环保水平优于国家及河北省最新标准。

（原刊于《中国冶金报》2018 年 9 月 28 日 1 版，记者　陆闻言　刘加军）